乡村人才振兴培训系列教材

U0884370

农业农村现代化建设

李长帅　张文强　易桂林　主编

中国农业科学技术出版社

图书在版编目（CIP）数据

农业农村现代化建设／李长帅，张文强，易桂林主编．—北京：中国农业科学技术出版社，2021. 7（2022.12重印）

ISBN 978-7-5116-5327-7

Ⅰ. ①农… Ⅱ. ①李… ②张… ③易… Ⅲ. ①农业现代化-研究-中国②农村现代化-研究-中国 Ⅳ. ①F320. 1

中国版本图书馆 CIP 数据核字（2021）第 114622 号

责任编辑 张志花
责任校对 贾海霞
责任印制 姜义伟 王思文

出 版 者 中国农业科学技术出版社
北京市中关村南大街 12 号 邮编：100081
电 话 (010)82106636(编辑室) (010)82109702(发行部)
(010)82109709(读者服务部)
传 真 (010)82106631
网 址 http://www. castp. cn
经 销 者 各地新华书店
印 刷 者 中煤（北京）印务有限公司
开 本 140 mm×203 mm 1/32
印 张 5. 875
字 数 155 千字
版 次 2021 年 7 月第 1 版 2022 年 12 月第 7 次印刷
定 价 28. 00 元

《农业农村现代化建设》

编 委 会

前　　言

农业农村现代化是实施乡村振兴战略的总目标。没有农业农村现代化，就没有整个国家的现代化。党的十九大报告提出“加快推进农业农村现代化”，与过去单提“农业现代化”不同，这是在党和国家文献中首次明确增加“农村现代化”这一内容，将“农村现代化”与“农业现代化”一并作为新时代“三农”工作的总目标。这一重大战略部署，标志着我国“三农”工作进入新的发展时期。

本书围绕当前农业农村现代化建设，以通俗易懂的语言，从我国农业农村发展历程、我国农业现代化的内涵与发展现状、我国农村现代化的内涵与发展现状、提高农业质量效益和竞争力、实施乡村建设行动、深化农村改革、脱贫攻坚成果同乡村振兴有效衔接 7 个章节进行了介绍。

由于编写时间仓促，再加上编者水平有限，书中难免存在不足之处，敬请广大读者批评指正，以便再版时得以修订和完善。

编　者

2021 年 2 月

目　录

第一章　我国农业农村发展历程

自古以来，我国就是一个农业大国，农业、农村和农民是社会稳定发展的基础，乡村建设的探索在历史上从未中断。中华人民共和国成立 70 多年来，我国农业农村发展取得了举世瞩目的成就，这当中离不开政策和改革的保驾护航。下面对中华人民共和国成立以来中国农业农村的发展进行介绍。

第一节　农村合作化改造阶段（1949—1977 年）

一、发展情况

中华人民共和国成立之初，因城市和工业发展极不充分，加快发展工业（尤其是重工业）成为当时的首要战略任务，而农村则担负着保障粮食安全、为工业提供原材料的重要职责。国家在农村地区实施了以恢复和发展农业为目标的由国家主导的乡村建设运动，农村地区基础设施建设和农民生活水平得到快速提高。20 世纪 50 年代中期开始，国家决定通过互助组、初级社、高级社逐步把农民组织起来，建立苏联集体农庄式的社会主义农业组织。合作化之后建立的以工农商学兵相结合、政社合一为特征的农村人民公社，被誉为社会主义新农村的更高形式。本阶段的农村发展是以农村生产互助组、农业初级合作社、农业高级合作社、人民公社等为主导，其规模和影响力遍及中国大地。同时，知识青年上山下乡也为农村发展注入了新的活力，农村地区的基础设施、公共服务和基层政权组织形式等发生了翻天覆地的变化，农民生活生产条件比中华人民共和国成立前有了极大改善，为改革开放后的高速发展奠定了坚实基础。

二、主要政策

我国在社会主义建设总路线的指导下，加快在农村建立和发展集体经济，在城市和工业领域实行全民所有制经济，并分步实施了系列社会主义改造运动，形成了集体经济和全民所有制经济双轮驱动的社会主义公有制经济。同时，国家采取了“以农业为基础、以工业为主导”的苏联发展模式，优先发展重工业，在恢复农业生产基础上，严格限制城乡之间的人口流动和产品流动，实行“农业支持工业、农村支持城市”战略。

在上述战略导向下，从中华人民共和国成立之初到改革开放前这段时间，我国重点推行了 4 项农业农村政策，即土地制度改革、农业合作化改造、建立人民公社制度、统购统销和供销信用合作政策。4 项政策在不同时期逐次推进、各有侧重，共同奠定了中华人民共和国农业农村政策框架，在中华人民共和国成立之后很长一段时间内，推动了我国农业生产和农村建设。

1. 土地制度改革

中华人民共和国成立之后，首要任务就是恢复农业生产，推行一场在社会主义建设总路线指导下的农村土地改革运动迫在眉睫。结合解放区土地改革的做法和经验，1950 年 6 月，我国出台《中华人民共和国土地改革法》，以此为法律依据向全国推行新的土地制度，即“废除地主阶级封建剥削的土地所有制，实行农民的土地所有制”。主要做法是：没收地主的全部土地，没收的土地以乡为单位，平均分配给没有土地和土地较少的农民，以及被没收土地的地主；保护中农、富农的土地和财产，保存富农经济。至 1953 年，全国土地制度改革基本完成，约 3 亿农民共同分配了7亿亩[1]农村土地，宣告了压迫中国人民2 000多年的封建土地所有制彻底结束。

2. 农业合作化改造

土地改革以后形成的千千万万传统小农经营，在某种程度上阻碍了农业现代化道路，一场具有鲜明社会主义特征、以建立集体经济为目的的农业合作化改造运动应运而生。1953年末，在土地改革结束的同时，中共中央发布了《关于发展农业生产合作社的决议》。该决议充分肯定了此前在局部地区试点探索、以“土地入股、生产互助”为主要特征的农业生产合作社的优越性。在党中央的大力号召下，短短两年，农业生产合作社数量从1.4万个增长到190多万个，全国入社农户占比达到60%。与此同时，部分地区开始探索更高级别的生产合作形式——生产资料和生产剩余均归集体所有，并快速向全国推广。1956年末，农业高级生产合作社发展到54万个，入社农户占比提高到96%，其中加入高级社的农户占总农户的88%。仅4年时间，全国便基本完成了农业合作化改造。

3. 建立人民公社制度

人民公社最早出现在河南驻马店遂平县，其组织及成效获得了毛泽东的高度评价，毛泽东还将其特点概括为“一大二公”。1958年8月，中共中央通过《关于在农村建立人民公社的决议》，在全国范围内掀起人民公社建设高潮。1958年末，入社农户占比超过99%，全国农村迅速实现了人民公社化。以后几年，经过不断调整和纠偏，逐步形成了“三级所有、队为基础”“政社合一”的人民公社体制。根据1962年9月通过的《农村人民公社工作条例修正草案》内容，农村人民公社实行各尽所能、按劳分配、多劳多得、不劳动者不得食的原则，是社会主义互助、

① 1亩≈667米^2，15亩=1公顷。

互利的集体经济，与全民所有制经济一起，构成了社会主义经济的两种形式。人民公社制度推行严重的平均主义，是我国急于向共产主义过渡的制度产物。

4. 统购统销和供销信用合作

基于粮食供求矛盾突出，以及“农村支持城市”的战略考虑，中华人民共和国成立以后，中央决定对粮油实行统购统销，并建立供销合作社和信用合作社。1953 年起，我国开始了长达 32 年的粮油统购统销制度，即在农村实行征购，在城市实行定量配给；供销合作社于 1957 年基本建成上下连接、纵横交错的全国性流通网络，承担着工农产品交换的重任；农村信用合作社是 50 年代初创办的农村互助合作组织，工作重点在于帮助解决农业生产中农具、农资等缺乏的困难。此 3 项政策着眼于国家与农民农村的关系，在很长一段时期，为促进生产发展、保障人民生活、稳定社会秩序发挥了重要作用。

第二节　农村市场经济体制形成阶段（1978—2001 年）

一、发展情况

1978 年 12 月 18 日，党的十一届三中全会召开，我国翻开了改革开放和社会主义现代化建设的新篇章，也开始了农村市场经济体制改革进程。20 世纪 70 年代末，以家庭联产承包责任制等为主要内容的农村改革迅猛兴起，农业的经营形式由单一的集体经营变成统分结合的双层经营，农户的家庭经营成为农业生产的一个重要层次，由此解决了长期存在的农业劳动和经营激励问题。20 世纪 80 年代初期和中期，从人民公社制度到联产承包责任制、从农村商品生产流通到乡镇企业、从农产品统派购制度改革到工农城乡关系、从实行行政村管理体制到深化农村改革，农村地区生产力得到极大释放，农村环境得到极大改善，农民生活水平得以极大提升。80 年代中后期，以农业生产为主体，发展农村第二、第三产业被提上议事日程。自此，乡镇企业成为推动农村经济发展、促进农民增收的重要引擎。在乡镇企业的带动和引领下，农村地区基础设施和公共服务设施建设快速推进，农民收入快速增长，农村进入大发展阶段。据统计，1988 年，全国粮食总产量由 1978 年的 4 000亿斤(2 000亿千克）增加到 8 000亿斤(4 000亿千克)。到 20 世纪 90 年代初期，乡镇企业成为中国经济中最活跃的部分，中国工业产值中“三分天下有其一”。90 年代以后，随着我国经济体制市场化改革的深入推进，国家发展重心由农村转向城市，重点放在了工业化和城镇化上，对农业、农村和农民的投入有限。与此同时，农业自身存在的弱质性在市场经济中也愈加突显，“三农”问题逐渐引起社会关注。这一阶段，农业虽得到了长足发展，但在国民生产总值中的占比逐年下降，农业从业人口也呈递减态势，农业对国家发展的影响正在减弱。

二、主要政策

党的十一届三中全会做出了把全党工作重点转移到社会主义现代化建设上来的战略决定，确立了解放思想、实事求是的思想路线，开启了波澜壮阔的改革开放征程，而农村改革则成为我国改革开放的重要起点和突破口。20 世纪 80 年代的农村改革以解放生产力、发展生产力、激活农村市场经济为核心，90 年代的农村发展战略导向则是在此基础上逐步构建社会主义农村市场经济体制，使我国农业农村发展步入市场化的轨道。

改革开放至我国加入 WTO 这 20 多年的时间里，党和国家在农村的主要政策举措包括：实行家庭联产承包责任制，倡导发展多种副业，改革农产品流通体制，大力发展农村商品经济，等等。同时，为适应新生产力和发展形势，逐步调整农村基层治理结构。通过一系列改革，我国社会主义农村市场经济体制基本形成，农业综合生产力显著提升，农民生活水平大幅提高。

1. 确立家庭承包经营制度

1978 年 2 月，党中央制定了《关于当前农村经济政策几个问题的规定》，提出要尊重生产队自主权，坚持按劳分配，鼓励实行生产责任制和开展多种经营，允许和鼓励社员经营少量的自留地和正当的家庭副业。当年，以凤阳县小岗村为代表的安徽和四川部分农村率先实行了包产到户。党的十一届三中全会后，全国多地根据自身条件探索实行包产到户、包产到组、包干到户等不同形式的生产责任制。尤其是 1982 年、1983 年连续两年的中央一号文件都聚焦农业农村改革发展，以农户家庭承包经营为基础、统分结合的双层经营体制得到全面推广。1983 年 10 月，中共中央、国务院颁发了《关于实行政社分开、建立乡政府的通知》，此举不仅标志着"政社合一"的人民公社制度彻底结束，更促进了承包责任制更深层次、更广范围的践行、巩固和完善。1983 年末，我国农村实施包干到户的农户占比超过九成。为保持土地承包关系稳定并长久不变，党的十五届三中全会（1995 年）和党的十九大（2017 年）均提出"农村土地承包到期后再延长 30 年"。

2. 农产品流通体制改革

伴随着农业生产迅速恢复，农村商品化意识也不断增强。为解决农村鲜活农产品积压浪费和城市农产品需求得不到有效满足的矛盾，党的十一届三中全会提出恢复农产品集市贸易，允许其作为社会主义经济的补充存在。1979 年开始，全国各地农产品集贸市场迅速恢复。1983 年，中央一号文件提出逐步缩小农产品统购派购范围，并允许农民对完成统派任务后的产品开展多渠道经营。1978—1984 年，国家统派购的农副产品的品种减少

70%，比重降低45个百分点。1984年和1985年的中央一号文件提出进一步激活农村商品经济，取消农副产品统购统销制度，鼓励农民参与多层次、多渠道的农村商品流通。1990年，我国开始对部分农产品实行“国家定购”，整个90年代都在开展以粮食为核心的农产品市场流通体制改革，基本解决了粮食收购价格偏低和购销价格倒挂问题，逐步形成了粮食购销双轨制，并初步构建起全国农产品市场网络体系。

3. 鼓励发展乡镇企业

在农业生产效率迅速提升和农村商品经济充分激活的背景下，乡镇企业异军突起，为转移农村剩余劳动力和增加农民收入做出了巨大贡献。改革开放初期，党中央要求加快社队企业发展，鼓励农村发展种养业以外的加工业、建筑业、运输业以及各种服务业。1984年，国务院发布《关于开创社队企业新局面的报告》（中央四号文件），将社队企业统一改称“乡镇企业”，并要求地方各部门积极支持社队企业的发展。此后几年，国家不断放开产业限制，全国兴起了农村大办企业的风潮。不同所有制企业同台竞争，乡镇企业在快速发展中迎来了辉煌时代，1987年乡镇企业产值首次超过农业产值。1991年11月，中央又对乡镇企业出口创汇给予新的扶持政策，进一步促进了乡镇外向型经济发展。但随着外部环境变化，乡镇企业自身的局限性也日益突显，在全国经济产业调整的90年代中期逐渐式微。

4. 乡村治理结构改革

改革开放后，乡镇治理结构改革主要是在20世纪80年代中期。1983年开始实施行政分开，全面建立乡政府。1986年中共中央、国务院发布《关于加强农村基层政权建设工作的通知》，从政治、经济两个领域，村、乡、县3个层级，系统提出了完善乡镇政权建设的思路。村级层面治理结构改革主要涉及村民自治。1982年12月公布实施的《中华人民共和国宪法》规定农村实行村民自治制度，次年开启村民委员会组织法立法过程，并于1987年审议通过《中华人民共和国村民委员会组织法（试行）》。该法于90年代中后期加以修订，在加强党的领导、选人、议事、监督方面充实了新的内容，并对村民委员会的性质、职能和相关问题做了更为明确的规定。1998年，《中华人民共和国村民委员会组织法》正式颁布，标志着我国村民自治正式步入法制轨道。

第三节　统筹城乡发展阶段（2002—2016年）

一、发展情况

2002年，党的十六大胜利召开，正式提出“统筹城乡经济社会发展，建设现代农业，发展农村经济，增加农民收入，是全面建设小康社会的重大任务。”城乡统筹建设正式拉开帷幕。这是党中央根据21世纪我国经济社会发展的时代特征和主要矛盾，致力于突破城乡二元结构，破解“三农”难题，全面建设小康社会作出的重大战略决策。2005年10月，党的十六届五中全会提出建设社会主义新农村的重大历史任务，提出“生产发展、生活富裕、乡风文明、村容整洁、管理民主”的具体要求。2006年1月1日，《中华人民共和国农业税条例》正式废止，标志着9亿中国农民彻底告别了缴纳农业税的历史。我国以新农村建设为目标，正式进入工业反哺农业、城市支持农村、财政补贴农民的新时期。2007年10月，党的十七大报告提出，“要统筹城乡发展，推进社会主义新农村建设”，把农村建设纳入国家建设的全局。2008年党的十七届三中全会指出，形成城乡经济社会发展一体化新格局，必须扩大公共财政覆盖农村范围，发展农村公共事业，使广大农民学有所教、劳有所得、病有所医、老有所养、住有所居，并提出了城乡一体化建设的八大具体措施。2012年11月，党的十八大对推动城乡发展一体化作出了重要部署，明确指出要加快发展现代农业，着力促进农民增收，坚持和完善农村基本经营制度，加快完善城乡发展一体化体制机制。2013年，党的十八届三中全会提出“形成以工促农、以城带乡、工农互惠、城乡一体的新型工农城乡关系”。这一时期，随着国家城镇化进程的加快，撤村并点，农民进城成为市民的速度也开始加快。

与此同时，从2004年开始，中央连续发布了14个以“三农”为主题的中央一号文件，表明国家对“三农”问题高度关注，在“三农”领域的财政投入和政策倾斜也不断加大。这一阶段，政府稳步推进土地制度改革，完善乡村公共服务体系，提出“美丽乡村”的建设目标，乡村居民的生活环境得到明显改善。同时，在推动城乡统筹发展方面，城乡一体化建设有了较为具体的发展目标和发展方向，党的多项“三农”工作也全面向城乡一体化建设的目标迈进。在实践中，中央统筹城乡和城乡一体化政策的实施取得显著效果，城市高速发展，农民得到的实惠增多，“三农”问题有所缓解，农村产业基础愈加夯实，公共服务显著提升，生态环境逐步改善，发展潜力得到释放。

二、主要政策

在统筹城乡发展的战略指导下，21世纪以来的农业农村政策遵循“少取、多予、放活”的基本原则，逐步构建强农惠农政策制度框架，加大农村基础设施以及公共服务领域的财政投入，在合作经济、农村金融、县乡财政、义务教育等领域开展农村综合改革试点，完善农民工就业和保障政策，等等。这一系列政策的实施极大改善了农民的生活条件，有效防止了城乡差距进一步扩大。

1. 调整完善强农惠农政策体系

21世纪伊始，党中央决定为农民减负、为农村松绑，开启了农村税费制度改革。2004年取消农业特产税（烟叶除外），试点开展农业税免征。2006年正式废止《中华人民共和国农业税条例》，彻底取消全国农业税。2004—2010年，我国逐步搭建生产技术与收入相结合、专项与综合相配套的农业补贴政策体系框架，“三补一减”（粮食直接补贴、良种补贴、农机具补贴和农业税减免）政策效应明显。与此同时，中央财政2005年开始对产粮大县加大转移支付和奖励力度，实行粮食最低收购价、大宗农产品临时收储等保护性收购政策。2008年起设立现代农业生产发展专项资金，并不断完善粮食风险基金制度，扩大农业保险保费补贴试点范围，通过系列政策举措稳定农业生产，促进农民增收。2012年中央财政“三农”投入资金达到12 388亿元，较2002年提高了5.5倍。党的十八大以来，我国农业农村支持保护政策更加强调生态保护建设、农业资源休养生息和集约利用、农田水利等基础设施建设和管护，并不断优化财政支农方式。与此同时，我国致力于促进农村居民合作医疗保险、农村医疗救助制度和新型农村社会养老保险等领域与城市居民并轨，在打破城乡二元结构、实现城乡基本公共服务均等化方面迈出了重要步伐。

2. 促进农民合作经济组织发展

经过20世纪80年代的生产力大发展，我国农产品供求格局发生了根本性改变，农产品产业链条越来越长，但初级产品所占份额越来越低，如何保障初级生产者经济利益的问题浮出水面。1991年，中共十三届八中全会决定指出，要积极支持农业专业协会、专业合作社和农户自办联办的各种服务组织等。各地也因地制宜开展多种合作形式的探索实践。2004—2008年连续五年的中央一号文件都强调发展农民合作经济组织的必要性和重要性。尤其是2007年7月《中华人民共和国农民专业合作社法》

的实施，给予了农民合作社一个正式合法地位，将我国农民合作组织发展推向了一个新高潮。但农民自发组成的合作社和协会在经营观念、管理制度、资金技术等方面与大公司仍然存在较大差距，合作社数量虽多，有效运营的却不多。如何推动农民合作经济组织健康发展，仍然有待改革探索。

3. 农村金融体系重构

改革开放至 20 世纪 90 年代中期，“三农”金融服务主体一直是中国农业银行领导下的各地农村信用合作社。1996 年，我国开启农村金融体制改革，农村信用社脱离农行的行政隶属关系，试图转型为由农民自愿入股、社员民主管理的合作性金融组织。2003 年，国务院出台《深化农村信用社改革试点方案的通知》，着力推进农信社产权制度、治理结构和管理制度现代化。党的十六大以后，农村金融机构多元化、构建竞争性农村金融市场体系、提高农村金融经营效益成为农村金融改革的主要内容。与此同时，部分地区于 21 世纪初开始探索的农户小额信用贷款制度，也在实践中不断完善并逐步扩大试点，成为农村金融服务的又一重要供给主体。

4. 完善农民工相关政策

随着工业化、城镇化的快速推进，农村劳动力转移就业更加普遍，农民工数量从 2004 年的 1.2 亿增加到 2017 年的 2.9 亿，成为“三农”领域举足轻重的庞大群体。党中央、国务院高度重视农民工群体的就业状况和权益保障。2004 年，农业部制定《2003—2010 年全国农民工培训规划》，牵头多部门启动实施“农村劳动力转移阳光工程”，极大地提高了农民转产转移就业能力；2010 年，国务院发文要求继续加大力度，进一步做好农民工培训工作；2003 年、2004 年连续两年国务院发文要求改善农民工就业环境；2006 年，国务院正式建立农民工工作联席会议制度，并印发《国务院关于解决农民工问题的若干意见》，明确要求建立健全就业服务体系，强化农民工就业指导和工伤、医疗、子女教育等保障；2010 年、2016 年先后发文要求切实解决农民工工资拖欠和支付问题；2014 年和 2015 年，着重鼓励农民工返乡创业，并要求提升就业创业服务和指导。

第四节　乡村振兴战略实施阶段（2017 年以来）

基于我国城乡关系变化特征，为完成决胜全面建成小康社会、建设社会主义现代化国家的重大历史任务，以习近平同志为核心的党中央于 2017 年党的十九大上提出实施乡村振兴战略，要求坚持农业农村优先发展，让农业成为有奔头的产业，让农民成为有吸引力的职业，让农村成为安居乐业的美丽家园。

2018 年 1 月，中央一号文件以乡村振兴战略为主题，明确了乡村振兴的重大意义和总体要求。2018 年 9 月，中共中央、国务院印发《乡村振兴战略规划（2018—2022 年）》，从构建乡村振兴新格局、加快农业现代化步伐、发展壮大乡村产业、建设生态宜居的美丽乡村、繁荣发展乡村文化、健全现代乡村治理体系、保障和改善农村民生、完善城乡融合发展政策体系等方面，对新时代乡村振兴提出全方位的要求和引导。自此，大力推进乡村振兴被提升到战略高度、写入党章，这是党中央着眼于全面建成小康社会、全面建设社会主义现代化国家作出的重大战略决策，为新时代农业农村改革发展指明了方向、明确了重点。

2019 年的中央一号文件强调继续坚持农业农村优先发展总方针，抓重点、补短板、强基础。进一步提出了重要农产品保障、数字乡村两大战略，深入推进优质粮食、农产品质量安全保障等 8 个工程，大豆振兴、农村义务教育学生营养改善等 5 个计划，奶业振兴、农业关键核心技术攻关等 9 个行动，美丽宜居村庄和最美庭院创建、群众性精神文明创建两大活动。全面推进乡村振兴的政策举措正加快落实在神州大地上。

2020 年的中央一号文件提出，对标对表全面建成小康社会目标，强化举措、狠抓落实，集中力量完成打赢脱贫攻坚战和补上全面小康“三农”领域突出短板两大重点任务，持续抓好农业稳产保供和农民增收，推进农业高质量发展，保持农村社会和谐稳定，提升农民群众获得感、幸福感、安全感，确保脱贫攻坚战圆满收官，确保农村同步全面建成小康社会。

第二章　我国农业现代化的内涵与发展现状

第一节　农业现代化的内涵

一、农业现代化的概念

农业现代化是指从传统农业向现代农业转化的过程和手段。在这个过程中，农业日益用现代工业、现代科学技术和现代经济管理方法武装起来，使农业生产力由落后的传统农业日益转化为当代世界先进水平的农业。实现了这个转化过程的农业就叫作农业现代化的农业。农业现代化是一个过程，同时，又是一种手段。

二、农业现代化的特征

从当前农业发达的国家和地区发展上看，农业现代化具有以下 6 方面的特征。

1. 农业生产机械化

农业生产机械化在农业现代化中处于基础地位，主要指在农业生产过程中普遍实现机械化，运用先进设备代替人的手工劳动，极大地改善劳动工具，特别是在产前、产中、产后各个环节广泛采用机械化作业，大大降低劳动者的体力强度，改善劳动者的劳动条件与环境，提高劳动生产率。

2. 农业生产技术科学化

科技是推动社会经济发展的核心，更是农业现代化进程的核心。现代科技是农业生产发展的动力源泉和主要推动力。农业生产技术科学化，就是要把先进的科学技术广泛应用于农业，提高农业生产的科技水平和农产品的科技含量，提升农产品的质量和产量，降低生产成本，保证食品安全。

农业生产科技不仅是农业现代化的一个重要特征，而且还会更广泛地渗透农业生产的各个方面、各个环节。如在经营方式中，不仅要体现农业生产工具的机械化、现代化，而且还要实现管理工具的现代化，特别是互联网的推广应用，加速了农产品销售的信息化。这些都离不开科技在各个领域的推广、应用和渗透。

3. 农业基础设施现代化

因农业的弱质性，农业生产必须具有良好的基础设施，农业发展才有根基，因此，农业基础设施现代化是农业现代化发展的前提。农业基础设施主要包含农村道路、水利、电力和通信等基础设施。只有贯通了城乡道路，建立了农村电力网络和通信网络，提升了农田水利工程抗灾减灾的能力，才能逐渐缩小城乡差距，为农业科技在农业领域的大量推广应用奠定基础。这样既有利于增强农业抵御自然灾害的能力，又有利于农业资源的高效利用。

4. 农业生产劳动者素质现代化

劳动者是农业生产的最基本生产要素，在所有参与农业生产的要素资源中具有主导地位。提高农业生产劳动者素质是实现农业现代化的关键，提高农业劳动者的思想道德素质和科技文化素质，使农业劳动者熟悉农业生产的相关政策和法律知识。农业生产劳动者综合素质高，才能充分理解和认识农业科技的重要性，才能增强农业科技应用的主动性，在农业生产的各个环节中科技应用率才高，农业产品的科技含量才高、市场竞争力才强。

5. 农业经营方式现代化

农业现代化的过程，也是传统粗放型农业逐步向现代集约型农业转变的过程，改变粗放的、落后的传统农业就是要把农产品粗加工转变成现代精加工、深加工；把单一的经营格局转变成产供销一体化的经营格局，使农产品生产、加工、流通各环节相结合。经营方式现代化，还体现在农业现代化要与工业化、城市化协调发展，大力发展产业化经营，提高农业经营效益，增强农业抵御自然风险和市场风险的能力。

6. 生态环境可持续发展

自然环境是人类社会赖以生产和发展的基础，保护生态环境是实现社会经济可持续发展的重要物质条件。农业现代化进程必须用现代化的手段保护环境，不但不能在农业生产过程中破坏生态环境，而且还要大力保护生态环境，使农业生态环境更加美好，促进农业可持续发展。

第二节　农业现代化发展现状与问题

我国农业现代化内涵与时俱进，农业现代化实践不断取得进步。但在解决旧问题的同时，也出现了一些需要重视和研究的新问题。

一、我国农业现代化发展现状

1. 粮食生产能力不断提高和巩固

为夯实粮食生产能力，2017 年 3 月，《国务院关于建立粮食生产功能区和重要农产品生产保护区的指导意见》决定划定 9 亿亩粮食生产功能区和 2.38 亿亩重要农产品生产保护区。截至 2018 年 7 月底全国已划定粮食生产功能区 1.77 亿亩和重要农产品生产保护区 0.34 亿亩。同时在“两区”基础上创建集中连片、生态良好的高标准农田。据农业农村部数据，截至 2018 年底，全国已建设高标准农田 6.4 亿亩。截至 2018 年，我国粮食总产量达到了 6.58 亿吨，是 1949 年的 5.8 倍，连续 7 年稳定在 1.2 万亿斤（0.6 万亿千克）以上；粮食播种面积连续 7 年稳定在 17 亿亩以上；单位面积粮食产量连续 7 年保持在 350 千克以上。

2. 现代化农业科技实力取得可喜进步

2018 年我国农业科技贡献率达 58.3%，比 2010 年的 52%提高了 6.3 个百分点。2017 年全国农业机械总动力接近 10 亿千瓦，机播面积 18.4 亿亩，机耕面积 13.5 亿亩，机收面积 14.2 亿亩，全国农作物耕种收综合机械化率超过 67%。2018 年我国良种覆盖率超过 97%，良种对增产的贡献率达到 45%。

3. 农产品品种结构发生明显改变

经过农业供给侧结构性改革，2018 年玉米播种面积由 2015 年的 67 453万亩调减为 63 194万亩，调减了 4 200多万亩；2017 年大豆播种面积由 2013 年的 7 050万亩扩大到 8 245万亩，增加了近 1 200万亩。改革后，价格由改革前较高的临储价格向较低的进口价格靠拢，起到了调节供求关系的作用。

4. 农产品质量得到显著提升

据中国绿色食品发展中心数据，2018 年“三品一标”产品总数为 121 827个。其中，绿色食品数量为 30 932个，有机食品数量为 4 323个，无公害食品数量为 84 049个。绿色食品抽检合格率达 99.34%。

5. 农民持续增收，城乡差距缩减

在宏观经济趋缓和农产品价格下降的双重背景下，农民增收速度由两位数缩减为个位数，但仍然保持在 8%以上，高于 GDP 增速两个百分点左右。此外，城乡居民收入倍差降至 2.69，为 18 年来的最低点。

6. 农业生态环境向好发展

据生态环境部数据，2017 年净减少耕地面积降至 89 万亩；2018 年化肥、农膜施用量连续两年下降，农药施用量连续 3 年下降。另据水利部数据，2018 年全国水土流失面积比 2011 年减少 3.18 亿亩；农业用水量占全社会用水总量的 61.4%，比 1997 年下降了 9 个百分点；农田灌溉水有效利用系数为 0.536。农业农村部数据显示，2018 年水稻、玉米和小麦三大粮食作物化肥、农药利用率分别达 37.8%和 38.8%，比 2014 年降低 2.6 个和 2.2 个百分点；秸秆综合利用率达 82%；禽畜粪污综合利用率达 64%。

二、我国农业现代化发展存在的问题

1. 现代农业主体缺失且劳动力素质较低

由于机械使用率较高，现代农业需要的技术要求相应提高，因此需要有知识、会经营、懂管理的新型现代化农民。而目前的农村劳动力状况堪忧，劳动力文化水平普遍不高，科学技能水平更是短板，连人数也严重不足。

2. 科技服务缺失且没有跟上互联网的发展

如今，农业的发展越来越离不开科学技术的支持，对科学技术的依赖越来越严重，而现在的情况是大多数农机推广服务站，都是一些老人在维持，很少有年轻人加入，甚至有的地方没有。所以在基层，老年化、少量化问题严重突出。另外，在一些贫穷、偏远的地区，农业发展生产组织还不是很完善，远不能满足现代农业发展对科学技术的需求。还有农业信息化程度不高，没有合理依靠互联网来发展现代化农业，所以目前农村电商行业还是很有潜力的。

3. 农业产业结构不合理，劳动生产率低

目前，我国农业生产以种植业为主，但种植的作物结构不是很合理。粮食作物占比较大，而经济作物占比较小，导致在国际和社会上竞争力较弱，有的商品只能依赖进口来补充国内的不足。国外很早就实行农场主的农业发展模式，而我国在最近几年才开始逐步推广，由于耕地等比较分散，不适合使用较大型的机械操作，导致劳动力生产率比较低。

第三章　我国农村现代化的内涵与发展现状

第一节　农村现代化基本内涵

农村现代化是人民利用现代科学技术和先进的思想，全面提高农村居民的物质生活条件和精神条件，并最终实现农村社会从政治到经济、从文化到思想等方面的全面发展过程。农村现代化的内容十分丰富，主要包括以下 4 个方面。

一、农村经济现代化

经济现代化的本身包含着 3 个层面：一是物质层面，就是通常理解的人均产值、生活水平、工厂铁路等方面的增长与增加；二是制度层面，它表现为经济秩序的建立与维护；三是观念层面，指人民对经济生活的世俗化态度。就我国现阶段而言，农村经济现代化主要指农业的机械化、农村产业结构的调整、乡镇企业的发展以及农民物质生活水平的提高等，也就是说主要指的是物质层面。其中农业现代化是其主要内容，农业现代化要求把传统农业变成现代农业，建立起广泛采用现代生产工具、现代科学技术和现代管理方法的农业生产体系，不断提高农业生产的集体程度以及农产品流通的专业化水平。

二、农村政治现代化

政治现代化是经济现代化的主要保证，西方学者一般将政治现代化分为3个大的方面，即权威的理性化、功能的分化和参与的扩大。在我国农村，政治现代化主要涉及农村组织的现代化，其中村民自治是农村政治现代化的一个重要内容。《中华人民共和国村民委员会组织法》规定，村民委员会是村民自我管理、自我教育、自我服务的基层群众性组织。民主选举、民主管理、民主决策、民主监督是村民自治的核心内容，是实现人民当家作主的具体表现。村民自治不仅是农村政治现代化的主要内容，也是推进农村政治现代化的根本途径。农村村民自治是我国农村政治生活的重大变革，对农村经济、文化的发展和进步以及农民民主权利观念、法律观念、参与意识的加强具有直接的影响，在农村现代化中发挥着重要作用。

三、农村文化教育现代化

就文化本身而言，世界各个社会的文化并没有高低之分。并且现代社会中的文化不完全是现代的，有的还是传统的，所以才构成文化的多元性和多样性。但是文化是可以发展的，而且从现代性扩展的趋势看，传统文化有可能最终会被改变，对此不能抱任何侥幸心理。至于农村教育更是需要不断改善，现在全国农村都实现了九年制义务教育，但农村教育的现代化还有很长的道路可走。为此，要在做好普及义务教育的基础之上，充分发挥农村各级各类学校的优势，改革农村中小学教育内容，促进农村基础教育、职业技术教育和成人教育的协调发展，从而培养大批新型的农村建设者。农村文化教育现代化要着眼于增强综合国力，营造良好的农村环境，从提高农民的思想道德素质和科学文化素质入手，不断改善农村的医疗卫生和社会风气，不断更新农民的价值观念和思想意识，不断提高农民的文明程度和道德水准，从而为农村社会的发展和全面进步提供精神动力和人才支持。

四、农民现代化

人是社会活动的主体，当然也是社会现代化的主体。同时人的现代化也是现代化的基本内容之一。因此要全面实现现代化，首先要实现人的现代化。美国的英格尔斯等人曾专门对人的现代化问题进行了社会学的开创性研究，他的研究小组得出一个重要的结论："现代化"包括许多方面，如民族、政治体系、经济、城市、学校、医院、服装、行为举止等。而在各方面的现代化中，人的现代化是至关重要的。英格尔斯指出，理想的现代人是一组相互联系的个人品质的综合，这些品质和特征可以概括为4个重要的方面：①他是一个消息灵通的、参与的公民；②他具有明显的个人价值意识；③就与种种传统影响的关系而言，他具有高度的独立性和自主性；④他容易接受新经济和新思想，即他是心怀相对开放的和具有认识的弹性。所以现代人的素质涉及人的观念、知识、能力、思维等各个方面。毫无疑问，农村社会的现代化也依赖于农民自身的现代化。因此，要引导和教育农民，最终实现农民的生产方式、生活方式、思维方式和价值观向现代化转变。

第二节　农村现代化发展现状与问题

一、我国农村现代化发展现状

改革开放40多年，在党中央和国务院的坚强领导下，我国始终坚持不断解放思想，坚持农民的主体地位，我国农村现代化发展取得了瞩目的历史性成就。

1. 农村改革取得新进展

自20世纪80年代实行家庭承包经营为基础、统分结合的双层经营体制确立以后，农村土地承包经营制度改革进一步深化。一方面，土地确权颁证工作持续推进，截至2017年6月底，已完成确权面积10.5亿亩。另外，土地流转加快，截至2016年底，全国耕地流转面积达到4.79亿亩，适度规模经营已成趋势。农村集体产权制度改革试点稳步开展。截至2015年底，全国有5.8万个村，4.7万个村民小组实行农村集体产权制度改革，农民股金分红累计达到2 600亿元。农村集体资产股份权能改革29个试点县（市、区）中，组织开展清产核资、集体经济组织成员身份确认、积极发展农民股份合作，极大激发了农村资产潜能，促进了农村集体经济的壮大和农民增收。农村金融服务综合改革不断深化，农村金融服务水平得到有效改善。我国目前已经形成了政策性金融、商业性金融和合作性金融相结合的多形式、多层次的农村金融服务体系。自2007年我国首次创立涉农贷款，涉农贷款余额从2007年末的6.1万亿元增加至2016年末的28.2万亿元，占比从22%提高至26.5%。截至2016年末，全国累计为1.72亿农户建立信用档案，约9 248万农户获得银行贷款，贷款余额2.7万亿元，缓解了农民资金短缺问题。农村金融机构针对农业适度规模经营、绿色生态等农业发展新变化不断创新金融产品，探索大型农机具、林权等抵押贷款业务，进一步完善农村金融服务体系。

2. 农民增收实现新突破

从年际变化来看，1978年农民人均纯收入为134元，由于城乡二元体制的存在，农民进城务工受到限制，几乎没有务工收入，加上当时没有农业补贴，农民无法享受到政府提供的财政转移收入，此时农民收入仍以家庭农业经营收入为主，收入来源单一。2016年农民人均纯收入上升为12 363元，扣除物价指数因素影响，年均增长 7.2%。农民收入来源结构日趋多元化，2013—2016 年，根据国家统计局提供的统计年鉴数据，农民人均可支配收入中，工资性收入、经营净收入、财产净收入和转移净收入都呈现上升趋势。2016 年工资性收入对农民增收的贡献率达到 48%，成为增收的主渠道。从与城镇居民的收入差距来看，2017 年农村居民人均可支配收入达到 13 432元，增速为 7.3%，高于城镇居民收入增速 0.8 个百分点，且增速连续 8 年高于城镇居民，城乡收入倍差缩小至 2.71∶1。我国现行标准下农村贫困人口从 1978 年的 2.5 亿人减少到 2016 年的 4 335万人，贫困发生率下降到 4.5%。

3. 公共设施和服务实现新提升

1978 年以前，农村基础设施较少，农业生产仍然“看天吃饭”，农业为工业发展提供大量积累和物质基础，但农民生活水平低下，农村基本公共服务缺失。随着改革开放进程加快，这一状况发生明显改观。根据第二次和第三次全国农业普查数据，我国农村基础设施、基本公共服务和农民生活条件明显改善。2006 年末全国有 72.3%的镇实施集中供水，19.4%的镇生活污水经过集中处理，36.7%的镇有垃圾处理站，20.6%的村完成改厕。到 2016 年末，91.3%的乡镇集中或部分集中供水，17.4%的村生活污水集中处理或部分集中处理，90.8%的乡镇生活垃圾集中或部分集中处理，53.5% 的村完成或部分完成改厕。2006 年末，30.2%的村有幼儿园、托儿所，13.4%的村有图书室、文化站，74.3%的村有卫生室。到 2016 年末，32.3%的村有幼儿园、托儿所，96.8%的乡镇有图书馆、文化站，81.9%的村有卫生室。农村实现村村通电话、乡乡能上网、广播电视基本全覆盖。农村教育基础设施继续改善，农村医疗卫生服务体系进一步健全。新型农村社会养老保险与城镇居民养老保险并轨，实现制度全覆盖。

二、我国农村现代化发展存在的问题

我国社会主要矛盾已经转化为人民日益增长的美好生活需要和不平衡不充分的发展之间的矛盾。我国发展最大的不平衡是城乡发展的不平衡，最大的不充分是农村发展的不充分。社会主要矛盾的转化是消费需求升级、产业结构升级、治理体系升级的必然要求。当前，我国农村发展中存在着诸多不平衡不充分的问题。

1. 农村人口老龄化问题日趋严峻与外出劳动力不稳定并存

20 世纪 90 年代以来，人口结构变迁趋势明显，劳动力老龄化速度加快，人口和劳动力更加向城市群、都市圈集中。我国农村青壮年劳动力大规模向城镇转移，农村劳动力短缺情况也越来越严重。农业吸引力下降，青年农民务农积极性明显下降。根据全国第三次农业普查，2016 年农业生产经营人员年龄在 55 岁以上的比例已经达到 33. 6%。农业青壮年劳动力短缺，老龄农民对现代化科技和业态掌握能力有限，越来越不适应农业农村现代化的要求。即使是农业劳动力进入城镇非农产业，他们中的大多数人就业稳定性也较差，只能通过从事简单的、机械的、低水平的劳作，换取在城市稍作停留的机会。如果发生经济下行，一部分农业转移劳动力就可能会离开工作岗位回到农村老家。这一方面会加剧农村老龄化态势，另一方面还可能与新型经营主体争夺已经稀缺的土地等农业生产资源。

2. 水电路气房网建设滞后

据全国第三次农业普查，2016 年尚有 52. 3%的农村居民未能用上经过净化处理的自来水，38. 1%的村内主要道路没有路灯，10. 5%的村内主要道路为沙石或砖石板，44. 2%的农户在使用柴草做生活能源，钢筋混凝土结构住房的比例仅为 12. 5%，52. 2%的农户手机联通不了互联网。尤其是，农村道路尽管实现了“村村通”，但是农村道路多数以 3.5 米标准建设，难以满足未来农村小客车的增长速度，也很难满足城镇居民返乡下乡休闲旅游、养生养老、创业创新的需求。

3. 农村基本公共服务和社会事业发展滞后

农村社会公共服务历史欠账仍然较多，城乡之间在教育、养老、医疗、社会保障等方面的差距已经成为社会民生最大的痛点之一。根据第三次全国农业普查数据汇总结果，2016 年全国仍有 3.5%的乡镇没有幼儿园、托儿所，这一比例在西部达到 6%；全国近 41%的村没有体育健身场所，其中西部为 54%；全国 33.2%的乡镇没有社会福利收养性单位，西部为 46.7%；全国 58.7%的村没有农民业余文化组织，中部、西部这一比例分别高达 59.2%和 63.3%；全国 45.1%的村没有执业医师，其中东部和西部分别为 50.6%和 50.1%。

4. 城乡就业收入和生活方式差异仍然较大

从相对数来看，2019 年城乡居民收入比已经缩小为 2.64 : 1，但是，城乡居民人均可支配收入的绝对差距已达 26 338元。实际上，城乡收入差距只是一个方面。农村经济繁荣的程度也无法与城镇相比。就就业总量而言，2014 年城镇就业人口已经超过乡村，目前城镇的产业吸引了 4.34 亿人就业，而乡村则容纳了 3.42 亿人就业。从就业质量来看，乡村就业多是临时性、非完全的就业，从事产业层次和水平也不高。而且，乡村水电路气房的基础设施落后，生活单调、乏味，缺乏青壮年向往的生活方式。农村利益格局深刻调整、新老矛盾交织。“农二代”“农三代”已经成长为乡村建设的主要力量，也成为农村生活方式改善的主要需求者。

第四章　提高农业质量效益和竞争力

第一节　完善农业支持保护制度

当前，我国新型农业经营主体有了大力发展，但其发展规模尤其是数量相对于带动广大农民增收的需求而言，还有很大发展空间，新型农业经营主体的发展壮大还面临很多困难。相对于我国的农林牧渔业总产值、农作物播种面积、乡村从业人员的总量而言，新型农业经营主体的总量还显不足，且在广大农村的不同区域分布不平衡，尤其在远离城市的区域发展较为缓慢，对农业产业化和农民增收的带动力还有待进一步提升。农产品市场化水平和知名品牌效应有待大幅提升，农产品电子商务专业人才缺乏、电子商务补贴项目申报难、农村物流亟须财政补贴、亟须加强商标注册和“三品一标”认证。因此，培育新型农业经营主体，发展多种形式适度规模经营，实施乡村振兴战略亟待完善农业支持保护制度。

一、完善农业基础设施标准化制度

广大农村区域亟须快速干道通达辐射，现代农业生产设施缺乏，抗风险能力低。亟须加强基础设施和特色农旅融合发展规划，以普通干线公路网改造和农村联网公路建设为重点，着力实施“快联工程”和“通畅工程”，实现产业集中区快速到达，干线公路和连接公路提档升级，促进乡村旅游产业发展；提升休闲农业和乡村旅游配套基础设施整体规划和建设水平，加大标准化果园、农田、养殖场所建设；扩大机耕道宽度，便于大型农业机械通行，为机械化创造条件。

二、完善耕地保护和农业设施用地保障制度

耕地保护是必须长期坚持的一项基本国策。但农业设施用地需求普遍强烈，且农业附属设施用房资产缺乏法律保障，制约社会资本和农户投资农业的积极性。亟须深入贯彻落实十九大报告所提出的“完成生态保护红线、永久基本农田、城镇开发边界三条控制线划定工作”要求，依照特色农旅融合发展规划，合理确定城镇空间、农业空间和生态空间边界，调整基本农田保护规划、土地利用总体规划，运用法律、行政、经济、技术等手段加强耕地数量和质量保护，将本不是基本农田的土地调整出基本农田保护区，把永久基本农田管住、用好，把生态旅游资源管好、用活，为深入实施乡村振兴战略行动计划和生态优先绿色发展战略行动计划提供发展空间和用地保障。

三、完善涉农财政资金统筹使用制度

农业投资回报周期长、投入循环难，对财政补贴需求强烈。基层政府对农业财政投入的重点对象、额度、时间等的自主性不足，导致财政投入的确定性和针对性不足，基层政府难以实现部门间资金的有效整合利用，资金使用效益难提高。亟须依托项目整合涉农财政资金，完善投入方式提高使用效率。贯彻落实中央全面深化改革领导小组第三十八次会议关于探索建立涉农资金统筹整合长效机制推进行业内资金整合与行业间资金统筹相互衔接配合的精神，依托农业综合开发项目，整合涉农财政资金，完善财政投入方式，提高支农资金的使用效率。

四、健全农民合作和社会化服务组织培育扶持制度

各地区在以农旅融合发展综合开发项目为依托加大整体招商引资力度引进龙头企业的基础上，亟须立足本土培育新型农业经营主体。在龙头企业难以引进和培育的地区，通过行政引导，自愿成立专业合作社支持农户抱团发展，通过统一设施、统一管理、统一农资、统一社会化服务、统一营销、包销、入股分红、代耕代种、免费技术服务等多种方式，促进农业生产方式转变、市场培育、品牌打造、产品竞争力提升；对村委会主动谋发展的村，可以多配备专业技术性强的村委会专职人员。通过政府引导和购买服务等方式健全农业社会化服务体系，着力提升农业生产机械化、专业化、集约化和市场化水平，推动技术服务社会化专业化，加强品控风险防范提升市场品牌效应，给农村快递物流财政补贴。

五、健全农村产权交易和风险防范制度

农村土地所有权、承包权、经营权“三权”交易市场缺乏，“三权”所代表的资产专用性很强，资产流动性弱，交易价值发现难，风险高，收益率低，银行经营管理者放贷积极性不高；农业保险产品和保险评估机构缺乏。各地区亟须建立健全农村综合产权流转交易中心，充分发挥其培育和规范土地流转市场的功能；建立新型农业经营主体强制退出机制；建立土地经营权“再流转”机制；建立健全土地流转风险防范机制，合理设定预交土地租用、入股分红等风险保障金的标准和年限，加强土地租用或入股等方式流转的风险防范。创新金融保险产品和考核监管机制，银行创新开展果树、渔业等附着物、农作物、水产品的抵押贷款新产品，开发经济作物保险产品，景区团体保险、游客保险和价格保险新产品；银行及银监部门对农业贷款需要建立专门的

贷款考核指标和标准以及偿贷周期、考核周期；建立健全农业保险费财政补贴机制。

第二节　强化农业科技和装备支撑

围绕事关农业核心竞争力的公益性、战略性、关键性技术和重大产品等需求，实施重大科技专项、重点研发计划、基础研究等项目，获取一批具有自主知识产权的农业技术成果，实现农业技术的群体性突破，支撑引领农业新兴产业集群式发展，带动引领农业科技实现新跨越。

一、农业新品种选育

种业是农业的核心竞争力。要围绕农业供给侧结构性改革的要求，以高效生态、进口替代、特色优势、功能需求为目标，着力选育一批高产、优质、多抗、低耗和广适性好、专用性强、适合机械化作业的农业新品种。

完善育种体系。围绕种质创新、基因挖掘、育种技术、新品种选育、良种繁育等科技创新链，从基础研究、前沿技术、共性关键技术、品种创制与示范应用等方面，开展全产业链育种协作攻关。构建以市场为导向、资本为纽带，利益共享、风险共担的产学研协同种业技术创新体系，全面提升现代种业科技创新能力、企业竞争能力和良种供应保障能力。实施藏粮于地、藏粮于技战略，通过新品种选育，建立主要农林产品有效供给的科技支撑体系。

种质资源挖掘利用与优异育种材料创制。育种的基础是种质资源。我国幅员辽阔，动植物种质资源丰富，育种条件得天独厚。要做好种质资源搜集、保护、鉴定工作，继续加强种质资源圃、资源库或基因库的建设。利用大数据、“互联网+”技术开展基因数据资源的共享、科学评价和研究开发。积极开展以分子标记育种、转基因育种、分子设计育种为代表的现代作物育种前沿技术研究，结合传统育种技术，协同建立高效育种技术体系，解决农业新品种选育中存在的预见性差、周期长、效率低等突出问题。

新品种选育及配套技术研究。将现代育种新技术、新方法与常规育种技术相结合，重点开展产业主导品种、适合集约化、工厂化和专用化的多元特色品种选育研究，育成一批高产、优质、抗性或广适性好、专用性强的新品种。开展高效制种技术研究，建立种子种苗优质化、标准化、规模化繁育技术体系。加强良种良法配套技术研究，开发符合品种特性与环境生态、适合机械作业、省工省力的配套技术，强化新品种推广。

商业化育种模式探索。引导和鼓励科技资源在科研院所与企业之间的双向流动，鼓励有实力的种业企业整合育种力量和资源，充分利用公益性研究成果，按照市场化、产业化育种模式开展品种选育研究，增强种业企业核心竞争力。通过体制机制创新，逐步建立科学合理、优势互补的育繁推相结合、产学研一体化的现代种业新体系。

二、生态循环农业技术创新

依据现代生态循环农业发展“一控两减三基本”（严格控制农业用水量，减少化肥和农药使用量，基本实现畜禽粪便、农作物秸秆、农膜资源化利用）的要求，开展农业生产系统建构与平衡机理研究，重点支持农田面源污染与土壤污染综合防治技术研究、动植物病虫害防治和生态高效种养殖技术研究、化肥减量与替代增效技术和农药减施及绿色防控技术研究，实施渔场修复振兴技术研究与模式创新，推动农业生态、林业生态和渔业生态发展，加快建设农业绿色发展科技支撑体系。

农业面源污染控制与修复。开展各类农业面源污染物的高通量快速检测技术和高光谱监测技术开发，建立农业污染预警体系。加快污染修复技术、重金属捕获剂、微生物修复菌剂等的研发，建立农业污染修复体系。推进低山丘陵水源区水土流失型面源污染治理，保障水环境安全。加强森林和湿地生态系统功能促进技术研究。

土壤环境保护与修复。重点开展土地资源评价技术、耕地质量监测数字化管理技术、土地后备资源开发与复垦技术、保护性耕作技术、土壤退化机理与修复技术、中低产田治理与退化土壤修复技术、产地生态环境治理与新垦地力培育技术、农田土壤污染综合防治技术的研发。

肥药两减与节水。开展化肥减量与替代增效、高效施肥、肥料使用监控、超高产条件下集成养分资源综合管理、作物营养遗传潜力挖掘与测土配方施肥等技术的研究。加大力度研究农作物耗水机理、节能节水栽培技术、需水信息诊断技术、农业用水过程降耗技术，开发经济型灌溉技术与产品。

动植物病虫害防治和生态高效种养殖技术。加强动植物主要病虫害绿色防控技术研究。重点推动动植物保护、抗灾防灾、种植模式等技术的集成创新，形成操作性强、适用性广、成本适中、生态效益明显的动植物栽培（养殖）技术体系。针对畜禽养殖业发展面临的生态环境限制难题，突出规模化养殖环境控制技术创新，研究畜禽高效养殖和疫病诊断与防控等技术，形成工业化、生态化、标准化、信息化的畜禽健康养殖体系。加强森林涵养和生态修复综合集成新技术研究，开展林业选择配置、立地控制、结构控制、营养控制、病虫害防治等关键技术研究和应用。开展高品质、多抗广适、丰产的新品种选育，工厂化育苗以及高效栽培技术研究。

渔场修复与海洋产业发展。开展渔场海洋环境修复治理，在设施装备、良种良法、岛礁渔业、健康养殖、循环水养殖、生境修复以及绿色加工等方面加强共性关键技术攻关，着力打造一批新技术、新装备、新模式和重大产品，形成产业链完整的“蓝色粮仓”产业集群，培育和集聚“蓝色粮仓”创新、创业核心团队，建成若干重大粮仓。

推进水污染治理。在水污染综合防治等重点领域攻克一批急需解决的关键共性技术，形成一批具备自主知识产权的新技术、新工艺和新设备，为污染物减排、环境质量改善、生态保护与修复提供强有力的科技保障。加大治水关键技术、共性技术、适宜技术的研发、攻关，进一步加强对农村基层治水技术的需求对接和培训指导，更好地发挥科技支撑综合治水的作用，提高农业农村环境污染评估与控制水平。

三、农产品质量安全技术

农产品质量控制技术。加强“三药五剂”（农药、兽药、鱼药，除草剂、杀菌剂、植物生长调节剂、饲料添加剂、肥料添加剂）减施及绿色防控技术开发，开展农产品生产、加工、储运全过程质量安全关键控制点研究，追溯化学污染和生物污染来源，探索农产品质量安全预警、溯源及控制技术，构建全产业链农产品质量控制技术体系。

农产品追踪溯源技术。研究开发基于物联网技术的质量安全溯源系统，重点研究有毒有害物质监测技术、动植物疫病监测技术、农林产品生产加工过程监测以及物流过程监测技术。

农产品安全检测技术。开展农产品质量安全识别检测与风险评估技术研究，开发快速高通量筛查和精准检测技术，研发相关一体化设备，建立农产品安全大数据平台，构建通用共享和高效的农产品质量安全检测技术体系。

四、营养健康食品开发与保鲜物流技术

针对食品产业科技支撑与未来发展需求，按照全链条创新设计、一体化组织实施的总体思路，加强营养健康食品研发理论和创制关键技术及装备研究，满足特殊膳食和特殊工作环境人群的营养健康需求，实现营养健康食品的产业化开发和跨越式发展。

健康营养食品开发。分析和挖掘农产品中的健康功能，研究提取分离和稳态化技术，利用现代加工方法开发健康功能产品。加强对新资源食品、特色农产品和药食两用农产品资源的评价与开发利用。注重对特色果蔬、粮油、畜产、水产和森林资源及副产物健康组分的研究，开发相关产品，为健康消费提供科学指导。

特色食品现代化生产技术。针对农产品加工的高能耗、高水耗、利用率低和机械化程度低等问题，开展低碳化、智能化、信息化和自动化的高增值全利用节水节能新技术和新工艺研发，提升食品感官品质和理化特性。以现代加工技术挖掘传统食品、中华烹饪食品和地方特色农产品（食品）加工技术，实现机械化、标准化和产业化。加强规模化集中配餐，注重对生鲜食品、浅盘食品（半成品）、中式调理食品加工、流通和安全技术的研究。

保鲜与物流技术。突出生鲜食品冷链流通品质控制技术研究，研发新技术、研制新产品，设计开发包装新材料、新产品，破解食品在物流过程中的品质劣变与损耗等难题。开展物流配送与销售等智能化系统研究应用，确保食品物流过程安全可控。

食品加工机械装备。加强食品装备机械稳定性、可靠性、材料安全性、数字化设计、信息感知、仿真优化等技术与自动控制系统研究。开展具有自主知识产权的智能化、数字化、规模化、自动化、连续化、工程化、成套化核心装备与技术开发研究。积极开展新型杀菌、节能干燥和高速包装等核心关键技术装备集成与开发。

五、农业资源高效利用技术

重点支持大宗农产品加工利用技术、农业生物资源高效转化技术、农业废弃物资源化处理技术等研究，建立农业生物制造科技支撑体系。通过对化学改性、物理提质、生物资源高效转化等方法的研究，开发新技术、新产品、新装备，促进农产品全质化高效利用。加强生物质能源制造技术研究，重点研发高效生物转化新型菌种、催化技术和成套装备。加强生物基材料研究，开发高效微生物工程菌和生物催化剂以及生物基塑料、新型农用膜材料、生物树脂材料等生物基新产品。研究畜禽养殖废弃物、农作物秸秆、农林水产加工废弃物资源化利用新技术，开拓高值利用新途径，重点突破废弃物肥料化、能源化、材料化、饲料化、基质化等关键技术及配套设备。

六、农业跨界融合技术

按照系统化设计、一体化布局、阶段性安排和持续性推进的思路，充分运用工业和服务业领域的技术成果，推进农业生产、农产品经营、农产品物流等模式创新，实现跨界融合发展。推进“农业+”综合集成，加快现代工业技术、文化创意、科技服务业、工业设计、信息化等领域成熟技术在农业领域的应用和转化，开展对农业产业变革趋势具有重大影响的跨界技术的综合集成研究，促进一二三产业融合、嫁接和再创新，以现代工业领域科技成果推进农业领域的现代化。

七、绿色宜居技术

以农村人居环境整治为主线，以建设绿色宜居乡村为导向，统筹生产生活生态，针对不同规模、不同特点的村庄，重点突破乡村清洁、村镇规划、宜居住宅、绿色建材、清洁能源等方面的关键技术，构建基础研究平台、智慧乡村平台、生态建设平台，大力推进农村环保产业、新能源产业、住宅产业等发展新动能。推进水污染治理，在水污染综合防治等重点领域攻克一批急需解决的关键共性核心技术，形成一批具备自主知识产权的新技术、新工艺和新设备，为水资源保护和水生态修复提供有力的科技保障。进一步加强对农村基层治水技术的需求对接和培训指导，更好地发挥科技支撑“五水共治”的作用。加大大气污染防治、土壤治理、水环境保护、防灾减灾等领域的核心关键技术转化应用力度，强化重点地区生态保护与修复。开展集生产生活生态、文化娱乐、科技教育、医疗卫生等多种服务功能于一体的社区综合技术集成与应用，推动科技成果更多惠及民生改善。

八、现代农业装备研发

针对当前农业生产效率低、投入粗放、综合生产成本高等现实问题，加强农业生产过程的技术和装备研发，构建集约、高效、安全、持续的智慧农业科技支撑体系，满足现代农业产业发展对设施装备的迫切需求。

数字农业。开展数字农业软硬件技术研发，突破农业专用传感与识别技术、农业传感网、智能化农业信息处理等重大共性关键技术，集成设施农业领域的信息获取、传输、决策、控制等技术与装备，建立农林植物系统中要素和过程的数字化、智能化种植管理体系。

设施农业。推进设施种植、设施养殖、林特业中的农业新材料、智能装备与配套机具研制。开展工厂化农业的立体栽培技术和机械化装备研究，推动 LED（Light Emitting Diode）光源等技术在设施农业中的应用。加强无土栽培技术研究。

农机装备。以推动农业生产高效率、机械化、自动化和智能化为目标，围绕不同产业的不同需求，研究种植、养殖、管理、收储、加工、商品化处理等机械化作业技术，形成一批适用于平原、丘陵、山地、林地等不同区域的智能化关键装备。

第三节　促进一二三产业融合

推动农村一二三产业融合发展，是党中央对新时代“三农”工作作出的重要决策部署，是实施乡村振兴战略、加快推进农业农村现代化的重要举措。

一、我国农村一二三产业融合的意义

1. 有利于农民增收，分享产业融合的红利

推进农村产业融合发展，使农业生产经营活动在传统的生产环节之外，增加了农产品加工、包装、运输、保管、销售等环节，将与农业产业链相关的二三产业增值收益留在农村，拓展了农民就业增收渠道。农村产业融合发展可以激活农村土地、住宅和金融市场，增加农民收入。

2. 有利于推进农业转型升级，促进农业现代化

推进农村产业融合发展，广泛应用现代农业技术成果，加快高端农业、设施农业、资源节约型农业发展，既有利于克服农业产业结构单一、农业发展空间相对狭小的局限，推进农业内部结构调整，又有利于减少农业生产对自然资源的依赖，农业发展更多地依靠科技和知识投入，增强农业可持续发展能力，还有利于更好地发挥服务业对农业发展方式转变的引领、支撑、带动作用，促进农业价值链升级，提高农业竞争力和附加值，促进农业现代化。

3. 有利于催生农村新业态，形成国民经济新增长点

推进农村产业融合发展，实现一二三产业关系在农村的优化组合和空间重构，将催生生物农业、智慧农业、休闲农业、

创意农业、工厂化农业等新业态，以及农村电子商务、产地直销、会员配送、个性化定制等新模式。借此，顺应或引领消费结构升级方向，更好地满足城乡居民多层次、多样化的消费需求，并创造新的社会需求，带动形成居民消费新热点和国民经济新增长点，促进农业发展由“生产导向”向“消费导向”转变。

4. 有利于实现城乡一体化，推进美丽乡村建设

推进农村产业融合发展，有利于推动形成生态农业和循环农业的发展模式，提高农产品和加工副产品的综合利用率，减少农业对水、土、气等自然环境的污染，促进农业生产和农民生活方式向绿色、环保方向改变，更好地推动生态文明建设；有利于拓展城市资本和生产要素进入农业、农村，强化农村产业发展的要素支撑，促进以城带乡和强农惠农、缩小城乡差距及实现城乡一体化；有利于通过发展休闲农业、创意农业等产业融合新领域，增加对农村基础设施、生态环境、居住条件等建设和投资，完善农村公共服务体系，更好地保存乡村传统文化和历史底蕴，维护村落功能和农村环境，推进美丽乡村建设。

二、农村一二三产业融合的对策

1. 完善利益分配，构建紧密利益联结机制

“基在农业、惠在农村、利在农民”，是农村一二三产业融合发展的内在要求。在农村一二三产业发展中，大部分主体的利益联结比较松散。解决这一问题，需要构建科学紧密的利益联结机制，确保农村一二三产业融合发展更好惠及农民，以产业兴旺促进农民增收。加强相关政策设计，让农民充分享受融合发展带来的增值收益。优先支持农业合作社等与农户具有密切联系的经营组织，构建“公司+合作社+农户”“公司+基地+农户”等农企融合共赢模式。将农民特别是贫困家庭劳动力安

排到产业组织和产业链中，带动农民积极参与融合发展，实现稳定增收。在支农资金分配、涉农企业扶持等方面，向有利于农民分享增值收益的融合主体倾斜，确保农民更好分享产业链增值的收益。

2. 聚焦要素需求，完善要素供给政策体系

农村一二三产业融合发展，离不开劳动、资本、土地、知识、技术、管理、数据等生产要素支撑。当前，土地供应还不能完全满足融合发展项目扩大规模、延伸业务的需要，设施农业用地在产业融合价值链中难以实现资产增值，科研机构、高校等的科研成果转化率偏低，融合经营主体科研能力和技术支撑较弱，高素质复合型人才、网络、信息等生产要素短缺。解决这些问题，需要根据农村产业融合发展用地特点，完善相关政策体系，在用地总体规划及农业领域专项规划中对一二三产业融合发展用地予以保障。多渠道盘活农村存量土地资源。在履行相关手续和不改变土地性质前提下，鼓励经营主体依法使用农村集体建设用地以及四荒地。推行“多规合一”，有效保护农业设施和资产，改善农业投资环境，增强农村一二三产业融合发展的稳定性和可预期性。大力培养懂农业、爱农村、爱农民的“三农”工作队伍，培养有文化、懂技术、善经营、会管理的高素质农民队伍，造就更多乡土人才。建立吸引人才、留住人才的有效机制，树立人才向农村基层一线流动的用人导向。改革科技成果转化收益分配机制，提高科技成果转化率，提升融合主体技术水平和研发能力。构建科学完善的要素管理机制，强化要素管理对产业融合的导向作用。

3. 培育市场主体，激发融合发展市场活力

从一定意义上说，市场主体的综合素质决定着农村一二三产业融合发展的水平和规模。推动农村一二三产业融合发展，亟须培育市场主体，激发市场活力。一是支持农民合作社发展

农产品加工、销售，拓展合作领域和服务内容，开展农民合作社创新试点，引导发展农民合作社联合社。二是把家庭农场作为现代农业的重要经营方式，探索多种发展路径，带动更多农户参与。三是培育大型现代农业龙头企业。以龙头企业为核心，依托区域特色产业，引导融合主体向优势产区、综合性加工园区集中，因地制宜组建农业产业化联合体，实现规模化集约化经营，提高农产品市场竞争力，示范带动农村一二三产业融合发展。四是拓展供销合作社经营领域，使其由主要从事流通服务向全程农业社会化服务延伸、向全方位城乡社区服务拓展，在农资供应、农产品流通、农村服务等重点领域和环节为农民提供便利实惠、安全优质的服务。五是推动供销合作社与新型农业经营主体有效对接，培育大型农产品加工、流通企业。健全供销合作社经营网络，支持流通方式和业态创新，搭建全国性和区域性电子商务平台。

4. 强化应急管理，有效应对各种风险挑战

农业生产经营面临自然、市场、社会等多重风险。增强农村一二三产业融合发展的稳定性和可持续性，需要强化应急管理。以土地、劳动、资本、技术入股、订单生产等方式，强化利益共享、风险共担。增强新型农业经营主体契约意识，完善适应农村特点的信用评级体系，依法打击涉农合同欺诈违法行为。加强农田水利基础设施建设，建立农村一二三产业融合发展的公共服务平台，增强自然灾害预警和防范能力。调整优化产业结构，加快发展互联网农产品等新业态，提升产业融合发展质量。逐步完善土地流转、订单农业等风险保障金制度，促进其与农业保险、担保相结合。加大对涉农保险的支持力度，推动农业保险加快发展，提高涉农企业的风险应对能力。

第四节 推进农业标准化建设

一、农业标准化概述

1. 农业标准化的含义

农业标准化是指以农业为对象的标准化活动。具体而言，是指对农业经济、技术、科学、管理活动中需要统一、协调的各类对象，制订并实施标准，使之实现必要而合理的统一的活动。其目的是将农业的科技成果和多年的生产实践相结合，制订成“文字简明、通俗易懂、逻辑严谨、便于操作”的技术标准和管理标准向农业经营主体推广，最终形成质优、量多的农产品供应市场。这不但能使农民增收，同时，还能很好地保护生态环境。其内涵就是指农业生产经营活动要以市场为导向，建立健全规范化的工艺流程和衡量标准。

根据我国农业的传统分类方法，农业标准化共分为五大类。分别是种植业标准化、林业标准化、畜牧业标准化、水产标准化、农业综合标准化。

2. 农业标准化的内容

农业标准化十分广泛，主要有以下 8 项。

(1) 农业基础标准。农业基础标准是指在一定范围内作为其他标准的基础并普遍使用的标准。主要是指在农业生产技术中所涉及的名词、术语、符号、定义、计量、包装、运输、储存、科技档案管理及分析测试标准等。

(2) 种子、种苗标准。种子、种苗标准主要包括农、林、果、蔬等种子、种苗、种畜、种禽、鱼苗等品种种性和种子质量分级标准、生产技术操作规程、包装、运输、储存、标志及检验方法等。

（3）产品标准。产品标准是指为保证产品的适用性，对产品必须达到的某些或全部要求制订的标准。主要包括农林牧渔等产品品种、规格。质量分级、试验方法、包装、运输、储存、农机具标准、农资标准以及农业用分析测试仪器标准等。

（4）方法标准。方法标准是指以试验、检查、分析、抽样、统计、计算、测定、作业等各种方法为对象而制订的标准。包括选育、栽培、饲养等技术操作规程、规范、试验设计、病虫害测报、农药使用、动植物检疫等方法或条例。

（5）环境保护标准。环境保护标准是指为保护环境和有利于生态平衡，对大气、水质、土壤、噪声等环境质量，污染源检测方法以及其他有关事项制订的标准。例如，水质、水土保持、农药安全使用、绿化等方面的标准。

（6）卫生标准。卫生标准是指为了保护人体和其他动物身体健康，对食品饲料及其他方面的卫生要求而制订的农产品卫生标准。主要包括农产品中的农药残留及其他重金属等有害物质残留允许量的标准。

（7）农业工程和工程构件标准。该标准是指围绕农业基本建设中各类工程的勘察、规划、设计、施工、安装、验收以及农业工程构件等方面需要协调统一的事项所制订的标准。如塑料大棚、种子库、沼气池、牧场、畜禽圈舍、鱼塘、人工气候室等。

（8）管理标准。管理标准是指对农业标准领域中需要协调统一的管理事项所制订的标准。如标准分级管理办法、农产品质量监督检验办法及各种审定办法等。

3. 农业标准化的特点

（1）农业标准化的主要对象是生命有机体。农业生产不仅受经济规律的影响，而且受生命活动自身规律的影响，农业技术是在不易控制、复杂多变的自然环境中，通过动植物的生命过程来实现的。在一定时间和区域内将哪些产品、哪种农业技术列为标准化对象，都要受到具体的社会经济条件和自然条件的制约。这比工业技术推广难度大，同一农业新技术在不同条件下产生不同结果，相同的标准化对象，执行统一标准，其经济效果往往不一样。

（2）农业标准化的区域性。因不同地区自然资源、自然条件有差异，导致农产品品质有很大区别，同一技术在不同区域效果不同。世界上许多国家按照自然条件、地理环境和农作物特点，划分了各种“生长带”，如玉米带、棉花带、草原放牧带等，就是注意了农业区域性的特点。我国的标准中设有农业地方标准，就是考虑了农业标准化地域性较强的特点。

（3）农业标准化的复杂性。表现在制（修）定标准的周期长，要考虑的相关因素较多。制定一项农产品标准至少要有 3 年的统计数据。农业标准化的主要对象是活的有机体，它们种类繁多，各有其生长发育规律，成批新品种的育成、使用和推广，总是需要农机、化肥、农药、温室、地膜等先进技术和设备相配合，其中，只要有一项没跟上，就会给农业生产带来影响。

（4）文字标准和实物标准同步。文字标准来源于实践，是客观实物的文字表达。但是，文字标准较抽象，由于人们的理解能力或认识程度不同，会产生不同的感觉。而且，有些感官指标如色泽、口味很难用文字确切表达。如许多农产品是依据产品的形态、光泽、颜色等因素确定等级的，但是颜色又分为十几种甚至几十种之多，按照文字标准难以辨别差异，在这种情况下，应以比色板和实物标准加以对照。

二、农业标准化对于农业产业化的作用

1. 推进农业标准化是提升农业产业化水平的必然要求

农业产业化的实质是农业的市场化和社会化，按照市场需求组织农业的产加销一体化经营是现代农业产业化的发展方向。农

业产业化的实施过程，既是农产品生产、加工、流通行为标准化的过程，也是规范农业经营主体生产行为和应对千变万化农产品市场的过程，农业产业化可以促进农业新型经营主体健康成长和新型职业农民的培育。没有农业的标准化，就难以实现农业的产业化。

2. 农业标准化是促进农业科技成果转化的有效途径

农业标准化既源于农业科技创新，又是农业科技创新转化为现实生产力的载体。科技成果转化为标准，可以成倍地提高推广应用的覆盖面。同时，标准的提高又会推动科技创新。农业产业化引入“标准化”机制和理念，由于标准化的导向作用，有利于加速农业科技成果、科学技术转化，促进农业生产效率的提升，提高农产品品质和增加农民的收入。

3. 推进农业标准化是农业供给侧结构性改革的必然要求

供给侧结构性改革旨在调整经济结构，使要素实现最优配置，提升经济增长的质量和数量。供给侧结构性改革需要以科学发展的眼光，用改革的办法推进结构调整，矫正要素配置扭曲，扩大有效供给，提高供给结构对需求变化的适应性和灵活性，提高全要素生产率，更好满足广大人民群众的需要，促进经济社会持续健康发展。农业供给侧结构性改革，一个最为重要的目标就是要实现优化结构、提高质量和效益。大力推行农业标准化，可以促进农业新科技、新品种的推广应用，加速农业新品种、新产业的成长，同时，农业标准化能够有力推动农业生产专业化和区域化，进而推动农业供给侧结构性改革。

4. 推进农业标准化是保障农产品质量和消费安全的基本前提

随着人们生活水平的提高，社会对于“舌尖上”的安全越来越关注。但是，近年来，因农药残留、兽药残留和其他有毒有害物质超标，导致农产品污染和中毒事件时有发生，严重威胁了广大消费者的身体健康和生命安全。解决问题的一个重要前提，就是要建立起与中国农业和农村生产力发展阶段相适应的农产品质量安全标准体系、检验检测体系和认证认可体系。在这三大体系中，农产品质量安全标准体系具有基础性的作用。

5. 农业标准化有利于提高农业产业化龙头企业竞争力

现代农业产业化发展，农业龙头企业起到核心带动作用，而农业龙头企业的成长离不开农业标准化的实施。首先，农业标准化可以增强农业产业化项目的可持续发展能力，形成效益增长的长效机制；其次，按照标准化生产的农产品，在消费者眼中就有安全保障，有利于提高市场占有率；最后，按照标准化生产的农产品，具有基本相同的质量和口感，有利于培养稳定的消费爱好者，扩大品牌知名度。以上 3 点，对于提高农业产业化龙头企业的竞争力具有重大作用。

6. 农业标准化是调节农产品进出口的重要手段

当前，我国大宗农产品的价格已经超过国际平均价格，大部分农产品出口企业，不仅处于市场价格竞争的不利地位，而且不同程度地受到国外技术壁垒的影响。由于我国标准“门槛”低，加之检测能力弱，客观上为国外农产品大量进入我国市场提供了便利。在此形势下，加快建立符合国际规范和食品安全的农业标准化体系，使农业产业化龙头企业承担起扩大出口、调节进口的作用，已成为当务之急。

三、农业标准化的实施

（一）农业标准化的实施程序

农业标准化的实施程序，一般包括制订计划、准备和试点、全面推广实施、督导与检查、总结与反馈等工作环节。

1. 制订计划

有关农业标准发布后，凡涉及的地区和部门，应该根据标准的级别、性质和范围，积极制订贯彻标准的计划，并逐级下达和部署。对于一些重要的农业标准，应该由政府部门下达贯彻落实的指导文件，明确贯彻标准的方式、内容、步骤、时间节点、责任部门和目标要求。

2. 准备和试点

为了保障标准实施的有序进行，首先必须在实施之前，做好各项准备工作，并且充分估计执行标准过程中可能遇到的困难和问题，准备工作包括思想发动、组织落实、资源保障；其次要做好试点工作，可以根据实际需要，选择有代表性的地区和农业经营主体，进行执行标准的试点工作，在试点阶段，可以进行新老标准（或者标准方法与原来的方法）的比较试验，以便于积累数据，进行比较分析，形成典型的经验和好的推广模式，为全面贯彻标准提供依据。

3. 全面推广实施

经过试点过程后，农业标准化工作就进入正式推广执行阶段，在这个阶段任何人不得擅自降低标准要求。当然，为了有利于标准的贯彻落实，各地可以在不降低标准的前提下，根据本地区的实际情况制定实施细则，根据标准的性质特点，采取因地制宜的实施方法。对于在全面实施过程中可能出现的问题，要及时查找原因，研究解决的方法途径，尽最大可能保障标准的全面实施执行。

4. 督导与检查

在标准的全面贯彻落实过程中，有必要加强平时的督导和检查，督导工作有利于标准化措施的全面贯彻执行，避免制度设计方面的漏洞和弄虚作假情况的发生。加强标准落实工作的检查，可以进一步验证标准的科学性、合理性，可以分析标准执行中存在的问题和取得的经验，以利于及时督促改进标准执行中存在的问题，查找原因，也有利于典型经验的及时传播推广，扩大典型经验的经济效益和社会效益。

5. 总结与反馈

在农业标准按照预定计划实施一个完整周期后，应该及时总结试点及全面实施标准所采取的技术和方法，收集归类各类有关的文件资料，做好资料的整理立卷归档工作。要认真总结实施标准化的科学方法和措施，分析标准化所取得的经济效益、社会效益、生态效益，同时，也要查找存在的问题，剖析原因，以便下一步更加有效地实施标准化工作。在认真总结经验的同时，应该将实施农业标准取得的成效、标准化达到的水平、实施标准存在的问题等信息，加以提炼，并及时反馈给标准的发布机构、标准的提出单位和起草单位。信息反馈有利于标准的制定发布机构全面掌握标准的推广执行情况，为今后修订标准提供科学依据。

（二）农业标准化的实施模式

在我国农业标准实施推广的过程中，各地创造了许多模式，这些模式形式各异，方法不一，大致上有 8 种模式值得加以肯定推广。

1. 政府主导型

政府主导模式是当前加快农业标准化实施的主要模式，主要依靠农业部门和农技推广机构通过项目示范、产品认证、技术指导和培训咨询等形式，带动辐射农业企业、农民专业合作社、家庭农场、专业大户按照农业标准组织生产。以政府为主导的农业标准化实施，优势在于能够集约项目、集成技术、集中资源，有重点、有步骤地在优势农产品产业带和一些条件成熟的地区，组织开展标准实施的示范性推广活动。但是其缺点是难以兼顾农民的意愿，调动农民主动参与实施的积极性不够。

2. 基地示范型

这种模式的特征是以政府推动为主，通过项目实施的方式进行标准化的推广普及和标准的实施示范。具体做法包括几个步骤：一是由政府部门制定发展规划，按照发展导向和问题导向，推进农业产业化基地建设，并且按照产业政策和区位优势，选择一个或者几个农产品品种作为主导产业；二是科学选定有关标准；三是进行广泛的专业知识和专业人才培训；四是积极培育标准化实施的样板，形成以点带面，促进标准化工作全面开花结果。

3. 市场准入型

这种模式的特征是涉及农产品安全、卫生方面的标准，这类标准具有强制执行性质。在标准实施结果考核上，必须经过一定的程序证明符合标准要求，达到法律、法规规定的最低准入条件。对农产品生产而言，主要是农药残留、兽药残留方面的规定和市场准入要求。这些强制性标准的执行，国家大多有明文规定，如果确认为违法有关的标准，将受到强制性处罚。

4. 认证促进型

这种模式的特征是通过专门的机构，按照相应的规定程序办法，促进标准的使用者严格实施和推行标准，并通过对各个环节贯彻标准的情况进行检查，做出科学评价，颁发证明贯彻标准和达标行为的证书与标志。这种通过认证措施，促进标准实施推广的方式，有利于提高生产经营者实施标准的自觉性，是世界各国普遍推崇的标准实施推广模式。

5. 龙头企业带动型

这种模式的特征是农业产业化龙头企业，利用资金和品牌，通过标准化手段，将企业的加工、贸易行为和区域的家庭农场、专业大户或者农业合作社的生产有机结合起来，通过合约的方式，形成生产、技术、品牌、资金相融的利益共同体。随着现代农业产业化的发展和新型农业经营主体的培育成长，这种模式将成为我国农业标准实施推广的主要模式。

6. 行业自律型

这种模式的特征是行业协会通过标准将产销有机衔接起来，利用协会的技术特长和社会资源，联合协会的会员单位，将某类或者某种农产品生产规模做大，实行统一品牌经营，提高竞争力和经济效益，既保护生产者的利益也有利于维护消费者的利益。让广大农民尝到实施标准的甜头，有利于标准的自觉执行。

7. 品牌创建型

这种模式的特征是围绕知名品牌，利用品牌的优势，通过标准化的手段和统一的标准实施推广，将品牌产品规模做大，质量提高，效益提升。这种模式需要不断加强品牌建设和品牌营销的专门化管理，以持久维护品牌的市场声誉。

8. 产销对接型

这种模式的特征是产销双方根据生产实际和市场需求，签订产销合作协议。在产销合作协议中明确产品质量安全水平以及共同遵循的技术标准和双方的权利与义务。这种模式的特点是通过市场对接生产，直接推动农产品标准的实施。

第五节　加强农产品品牌建设

一、农产品品牌概述

（一）品牌的概念

品牌是制造商或经销商附加在商品上的识别标志。它由名称、名词、符号、象征、设计或它们的组合构成。品牌具有识别某个销售者或某群销售者的产品或劳务，并使之同竞争对手的产品和劳务区别开来的功能；品牌注册后形成商标，即获得法律保护拥有其专用权。一个著名品牌也是品质优异的体现，是一种精神象征，代表经营者价值理念。品牌的培养是一个长期的过程，也是不断创新的过程，品牌是给拥有者带来溢价，是商品增值的源泉，在激烈竞争的市场经济环境下，加强品牌建设与管理是一项战略性工作，是立于不败之地的基础工程。

（二）农产品品牌

农产品品牌是农产品经营者根据市场需求与当地资源以及产品特性，给自己的农产品命名的称谓，并配有相应的标志，是农产品之间相互区别的符号。农产品品牌创建是指农产品经营者根据市场需求与当地资源以及产品特性，给自己的产品设计一个富有个性化的品牌，并取得商标权，实行农业产业化经营，使品牌在经营过程中不断得到消费者的认可，树立品牌形象，扩大市场占有率，实现经营目标的一系列活动。在人们生活水平日益提高的现代社会，人们购买农产品的动机呈现多样性，越来越依赖品牌辨别和选择农产品或服务，乃至借助于品牌表达自己的喜好，满足心理需求，体现自己的消费观念。而品牌创建者则希望借助于品牌影响力，传递品质承诺、价值理念、情感诉求等多重信息，满足目标市场消费者的喜好，赢得顾客的信赖和忠诚度，以谋求巩固和扩大市场占有率。为此，强化农产品品牌创建与管理的是农产品市场供求双方的共同需要，也是社会主义市场经济发展的根本要求。

（三）农产品品牌建设的作用

1. 创建农产品品牌是农业产业化经营的必然要求

现代农业产业化有多种实现模式，但基本的要求是实现农业的产加销、贸工农一体化，通过延伸产业链和规模化经营、标准化生产实现农业增效，提高农业的技术装备和科技水平。在推进农业产业化经营的过程中，加强农产品品牌创建是一项不可或缺的战略任务。实施农产品品牌战略，不仅有助于提高生产经营者的管理素质和技术素质，加快技术进步，有助于优化农业资源配置，促进产业结构优化，还可以农产品品牌建设为突破口，改革传统生产方式和管理手段，合理利用和保护农业资源，实现发展经济、保护环境的可持续发展目标。

2. 品牌化经营是农业产业化龙头企业做大做强的基础

现代农业产业化的发展主要依赖农业龙头企业的带动作用，而品牌化经营是农业龙头企业做强做大的前提条件。第一，农业龙头企业必须创建自己的品牌，并逐步塑造品牌的形象，才能赢得消费者的信任，打动消费者的购买情感，才能有稳定的市场，并逐步扩大市场占有率。第二，创建农产品品牌必然以农产品“质量”为核心，按照品牌的质量标准组织生产、优化品种、提高质量、精深加工、精美包装，从而能树立品牌形象和信誉。第三，农产品品牌化经营的目标是提高农产品的附加值，而且品牌的价值就在于它可以稳定商品的市场价位和创造新的价值。实行品牌化经营可以使现代农业产业化项目的经济效益稳步上升，资产不断升值。

3. 农产品品牌化有助于增强现代农业产业化项目市场竞争力

随着我国进入中等发达国家的行列，人们的购买力水平大幅提升，消费者开始逐渐青睐品牌农产品，农产品销售的竞争将进入“品牌时代”。实施农产品品牌战略，不仅可以通过农产品的整体品牌形象，充分展示农产品的特色，扩大农产品的销量，走“以质量求生存，靠品牌抢市场”的发展之路。同时，品牌农产品以企业信誉作担保，以品牌作为质量标志，给消费者提供品质上的保证，降低消费者的购买风险。此外，品牌可以作为质量之外的风味、口感等指标的选择标准，增加产品的顾客让渡价值，培养大批忠于品牌的消费者。通过品牌建设赢得购买者的信赖，赢得市场，可以让农业产业化项目具有立于不败之地的市场竞争力。

4. 农产品品牌化有助于农业增效和保障农民收入

促进农业增效和农民增收是推进农业产业化经营的主要目的。农业产业化的实践证明，农产品品牌建设是实现农业增效和农民增收的长久之计。一方面，产业化农产品以品牌的鲜明特征进入市场，有利于建立长期稳定的销售渠道和网络，并建立有效的市场沟通协调机制，不仅能使农产品生产者与农产品市场保持较快的信息沟通，以适应市场的变化，而且长期稳定的销售渠道和网络有助于保持农产品销售量的稳定，还可以发展订单式农产品，有效规避农产品的市场风险；另一方面，农产品常常因为供求关系的周期性变化，导致价格的大起大落，出现增产不增收的现象，而品牌农产品可以在一定程度上抵御这种市场风险，防止农产品价格出现大幅波动，保持农产品价格的基本稳定。此外，品牌农产品具有更高的附加值和溢出效益，有利于实现农业企业增效和保障农民增收。

现代农业产业化、品牌化经营是农业企业化、规模化和集约化经营，通过农业产业化龙头企业的带动，实行一村一品，一乡一业的专业化生产、规模经营、区域化布局、社会化服务，采取贸、工、农相衔接，种养相协调，产供销一条龙经营模式，形成龙头企业带基地、带农户的经营管理体制和运行机制，形成大市场、大流通和大产业的现代农业产业化布局。农业产业化+农产品品牌化，可以让农产品外具形象，内具质量，形成拳头产品，立于市场不败之地，使农业经营者获得长期稳定的收益，不断促进农业的扩大再生产。

二、农产品品牌建设存在的问题

1. 农产品品牌意识淡薄

我国各地农产品丰富，具有地方特色的名、优、特农产品和

"老字号"农产品数量众多，但许多农产品的生产者品牌意识不强，甚至没有品牌意识，没有意识到这些传统优势农产品所蕴含的巨大经济潜力，没有认清品牌在提升农产品档次、提高市场竞争力和市场价值方面的巨大作用，没有把品牌看作是影响自身长期发展的资源，而认为品名、商标、标志等品牌要素是外在形式，没有意识到品牌是生产者和产品走向广阔市场和获得消费者广泛认知的通行证，以致诸多名、优、特农产品尚无品牌，在市场上没有"名分"，与一些不同品质的农产品在市场上鱼目混珠，丧失市场销售的优势定位。

2. 对农产品品牌的内涵建设重视不够

我国地域辽阔，自然条件、自然资源差别较大，形成农产品的形态、营养成分、口感的区域差异，这些差异实际上是农产品不可多得的品种资源。目前一些农产品生产者在农业发展项目中没有很好地依托区域优势资源，发展特色地区农业。在创建农产品品牌时，没有注入地方特色品种和产业文化，丰富农产品的文化底蕴，忽视了农产品品牌文化内涵的研究挖掘和建设深化。

3. 品牌营销手段缺乏

我国农产品品牌的营销手段与国外农产品品牌的营销手段有较大差距。品牌所有者的品牌营销意识淡薄、手段缺乏，导致品牌的认知度低，销售增值乏力，品牌价值提升的空间有限，在激烈的市场竞争中很容易被竞争对手抢占先机。

品牌营销的手段多种多样，一个成熟的品牌，必定是公关、事件、媒体等多种营销方法的集合。以综合运用产品的独特设计、广告的新颖创新、媒体的恰当传播、最佳的投入时机、个性化的包装装潢，形成强有力的品牌营销组合手段，不断塑造品牌的活力，让品牌能跨越生命周期永葆青春。品牌承载着消费者的心理认同与归属感，以品牌营销为基础形成的市场知名度和美誉度，是产品和消费者之间沟通的桥梁，是抢占更多市场份额，实现销售持续增长的独门武器。

4. 农产品品牌质量和信任度不高

质量是产品的生命线，农产品也不例外。产品质量是树立农产品品牌形象的根基，是赢得消费者信任的主要原因，这两个因素直接影响和决定着重复购买行为，影响着品牌的认知和传播。而目前，有些农产品的质量与品牌质量不相符合，参差不齐，品质的稳定性较差，导致消费者对品牌标志的真伪以及是否符合质量安全标准产生怀疑，降低了消费者对品牌的信任。

5. 政府对农产品品牌的引导和扶持政策落实不够

许多地方政府对农产品品牌建设给予了高度关注，制定了一些地方性的政策和指导性意见，但有些措施没有落到实处，农产品品牌建设缺少专业人才，缺少专业化的社会服务组织，也没有加强这方面的专业培训，导致品牌建设在品牌策划、品牌推广等方面存在一些问题，而政府和相关职能机构在这些方面尚存在缺位现象，引导的作用没有发挥出来，扶持政策具体落实不够。

三、加强农产品品牌建设的对策

当前，我国农业产业化正处在加速发展的进程中，在市场竞争日益加剧的现实背景下，实施农产品品牌战略是农业企业和生产者的现实选择。现针对目前农产品品牌建设中存在的一些典型问题，提出以下对策和措施。

1. 强化品牌意识，找准品牌定位

品牌是商品及其生产者或者经营者的标志和形象信誉的表现。农业产业化龙头企业必须强化品牌意识，充分认识到品牌在市场竞争和企业发展中的巨大作用。树立强烈的品牌意识是实施品牌战略的基础，品牌创建的成功与否取决于企业家和管理层的品牌意识如何，决定了品牌战略的制定与实施，关系到品牌建设的力度和深度。同时，在制定品牌战略时，很关键的是要选准品牌的市场定位，从占领目标市场出发，瞄准和抓住目标市场购买者的消费心理。农业产业化龙头企业和生产者要通过分析市场消费趋势和竞争态势，选择能发挥自身优势的策略，为自己的品牌在市场上选准一个明确的、符合消费需求的、有别于竞争对手的品牌定位。

2. 依托优势资源，发展特色农业

农产品生产受到自然条件的深刻影响。由于不同地域的自然条件、优势资源和种植习惯的差异，形成了农产品的区域特色和比较优势，进而可以在市场上转化为市场优势。因此，在发展农业项目中要充分依托并整合区域优势资源，发展特色农业，培育主导产业，使其形成规模和特殊品质；在创建农产品品牌时，也要挖掘利用好地方的历史、文化、人文等资源，把地方特色文化元素注入其中，丰富农产品的文化底蕴，提升品牌的文化品位，使消费者在获得物质享受的同时，也获得精神文化上的享受。

3. 融合农产品销售渠道和品牌传播渠道

品牌影响力的扩大与和产品销售在方向、目标、渠道等方面存在着高度的一致性。为此，要积极探索农产品销售渠道和品牌传播渠道的融合，不断创新农产品分销传播渠道，进一步拓展“农-超”对接、直销专卖、订单营销、网络营销、农产品会展、观光农业和知识营销等渠道，扩张农产品品牌传播空间。要迎合网络直销的发展趋势，建设好网上销售平台，减少农产品的中间流通环节，提高流通效率，降低流通成本，形成价格优势。使农产品以较快的流通速度和具有优势的价格直接呈现给广大的消费者，更快更有针对性地把农产品及其品牌信息广泛地传播。同时，要加强农产品的质量管理和物流管理，保证农产品的质量安全，保障产品的及时供应，保护好品牌的声誉。

4. 建设好品牌农产品的质量标准体系

建设好品牌农产品的质量标准体系，有利于加强品牌农产品的质量管理，保障农产品的质量、档次和安全性，从而获得较高的品牌知名度和美誉度，提高品牌农产品的社会信任度。建立品牌农产品质量标准体系，就是以质量为中心，以市场为导向，以科技为动力，以生产为基础，以农产品的等级制度为重点，建立农产品生产、加工、储藏、销售全过程及生产作业环境和安全控制等方面的标准体系，把农业生产的产前、产中、产后各环节纳入标准化管理，逐步形成与行业、国家、国际相配套的标准体系。农业产业化龙头企业应当树立强烈的质量意识，把品牌建设与质量标准管理结合起来，严格按照质量标准体系管理整个产业链，从根本上保证农产品的质量和安全，赢得消费者的信赖。

5. 加强政府引导，落实好扶持政策

政府部门要积极介入当地农产品的品牌建设，作为惠农、强农的具体措施，采取政策鼓励、宣传倡导、财政补贴、产品评比等方式营造良好的品牌建设氛围。与此同时，政府还应在管辖区域内，积极传递市场信息，整合传播媒体资源，协助农业龙头企业或农业经营主体进行品牌宣传和公共关系活动，要积极培育能够服务品牌建设的专业化社会组织，提供品牌建设的各类专项服务，加强品牌建设专业知识培训和专家指导。除此之外，政府部门要加强农产品的安全检测，加强农产品安全质量执法的严肃性和公正性，提高农产品品牌的公信力。

第五章　实施乡村建设行动

第一节　完善乡村基础设施

继续把基础设施建设重点放在农村，持续加大投入力度，加快补齐农村基础设施短板，促进城乡基础设施互联互通，推动农村基础设施提挡升级。

一、改善农村交通物流设施条件

以示范县为载体全面推进“四好农村路”建设，深化农村公路管理养护体制改革，健全管理养护长效机制，完善安全防护设施，保障农村地区基本出行条件。推动城市公共交通线路向城市周边延伸，鼓励发展镇村公交，实现具备条件的建制村全部通客车。加大对革命老区、民族地区、边疆地区、贫困地区铁路公益性运输的支持力度，继续开好“慢火车”。加快构建农村物流基础设施骨干网络，鼓励商贸、邮政、快递、供销、运输等企业加大在农村地区的设施网络布局。加快完善农村物流基础设施末端网络，鼓励有条件的地区建设面向农村地区的共同配送中心。

二、加强农村水利基础设施网络建设

构建大中小微结合、骨干和田间衔接、长期发挥效益的农村水利基础设施网络，着力提高节水供水和防洪减灾能力。科学有序推进重大水利工程建设，加强灾后水利薄弱环节建设，统筹推

进中小型水源工程和抗旱应急能力建设。巩固提升农村饮水安全保障水平，开展大中型灌区续建配套节水改造与现代化建设，有序新建一批节水型、生态型灌区，实施大中型灌排泵站更新改造。推进小型农田水利设施达标提质，实施水系连通和河塘清淤整治等工程建设。推进智慧水利建设。深化农村水利工程产权制度与管理体制改革，健全基层水利服务体系，促进工程长期良性运行。

三、构建农村现代能源体系

优化农村能源供给结构，大力发展太阳能、浅层地热能、生物质能等，因地制宜开发利用水能和风能。完善农村能源基础设施网络，加快新一轮农村电网升级改造，推动供气设施向农村延伸。加快推进生物质热电联产、生物质供热、规模化生物质天然气和规模化大型沼气等燃料清洁化工程。推进农村能源消费升级，大幅提高电能在农村能源消费中的比重，加快实施北方农村地区冬季清洁取暖，积极稳妥推进散煤替代。推广农村绿色节能建筑和农用节能技术、产品。大力发展“互联网+”智慧能源，探索建设农村能源革命示范区。

四、夯实乡村信息化基础

深化电信普遍服务，加快农村地区宽带网络和第四代移动通信网络覆盖步伐。实施新一代信息基础设施建设工程。实施数字乡村战略，加快物联网、地理信息、智能设备等现代信息技术与农村生产生活的全面深度融合，深化农业农村大数据创新应用，推广远程教育、远程医疗、金融服务进村等信息服务，建立空间化、智能化的新型农村统计信息系统。在乡村信息化基础设施建设过程中，同步规划、同步建设、同步实施网络安全工作。

第二节　改善农村人居环境

一、村庄整体规划

好的村庄规划，是凝固的艺术、历史的画卷。整治村容村貌，要坚持规划先行，从各地的实际出发，通过精心的规划设计，切实提高村庄布局水平、村落规划水平和民居设计水平，避免把村庄建成“夹皮沟”，把村落建成“军营式”，把民居建成“火柴盒”。农村就是要像农村，规划建设村庄，要依山就势、傍河就景、错落有致，与自然山水融为一体，体现生态田园风光。

民居的外在风貌要有地域和民族特色，彰显农村蓬勃生机，内部功能要现代实用，有利于群众享受现代文明生活。有条件的地方，民居设计要前庭后院，建设“微田园”，既满足群众发展种养副业的需要，又彰显鸡犬之声相闻的农家情趣。

农村规划建设要做到“产村相融”，与产业发展相配套，村庄布局、村落规划、基础设施建设、民居功能设计等方面，都要有利于发展生产，提高农村的承载能力、服务能力和发展能力，帮助农民增收致富。

二、乡村道路规划

乡村道路系统是以乡村现状、发展规划、交通流量为基础，并结合地形、地貌、环境保护、地面水的排除、各种工程管线等，因地制宜地规划布置。规划道路系统时，应使所有道路分工明确，主次清晰，以组成一个高效、合理的交通体系，并应符合下列要求。

1. 安全

为了防止行车事故的发生，汽车专用公路和一般公路中的二、三级公路不宜从村的中心内部穿过；连接车站、码头、工厂、仓库等货运为主的道路，不应穿越村庄公共中心地段。农村内的建筑物距公路两侧不应小于 30 米；位于文化娱乐、商业服务等大型公共建筑前的路段，应规划人流集散场地、绿地和停车场。停车场面积按不同的交通工具进行划分确定。汽车或农用货车每个停车位宜为 25～30 米^2；电动车、摩托车每个停车位为 2.5～2.7 米^2；自行车每个停车位为 1.5～1.8 米^2。

2. 灵活运用地理条件，合理规划道路网走向

道路网规划指的是在交通规划基础上，对道路网的干、支道路的路线位置、技术等级、方案比较、投资效益和实现期限的测算等的系统规划工作。对于河网地区的道路宜平行或垂直干河道布局。跨越河道上的桥梁，则应满足通航净空的要求；山区乡村的主要道路宜平行等高线设置，并能满足山洪的泄流；在地形起伏较大的乡村，应视地面自然坡度大小，对道路的横断面组合做出经济合理的安排，并且主干道走向宜与等高线接近于平行布置；地形高差特大的地区，宜设置人、车分开的道路系统；为避免行人在“之”字形支路上盘旋行走，应在垂直等高线上修建人行梯道。

3. 科学规划道路网形式

在规划道路网时，道路网节点上相交的道路条数，不得超过 5 条；道路垂直相交的最小夹角不应小于 45°。道路网形式一般为方格网式、环形放射式、自由式和混合式 4 类。

三、乡村住宅功能布局

根据乡村住宅类型多样、住宅人数偏多、住户结构复杂等特点，住宅设计重点应落在功能布局上。主要应注意以下 6 个方面。

1. 合理规划房间

根据常住户的规模，有一代户、两代户、三代户及四代户。一般两代户与三代户较多，人口多在3~6口。这样基本功能空间就要有门斗、起居室、餐厅卧室、厨房、浴室、储藏室，并且还应有附加的杂屋、厕所、晒台等功能，而套型应为一户一套或一户两套。当为3~4口人时，应设2~3个卧室；当为4~6口人时，应设3~6个卧室。如果住户为从事工商业者，还可根据实际情况进行增加。

2. 确保生产与生活区分开

凡是对人居生活有影响的，均要拒之于住宅乃至住区以外，确保家居环境不受污染。

3. 做到内与外区分

由户内到户外，必须有一个更衣换鞋的户内外过渡空间；并且客厅、客房及客流路线应尽量避开家庭内部的生活领域。

4. 做到“公”与“私”的区分

在一个家庭住宅中，所谓“公”，就是全家人共同活动的空间，如客厅；所谓“私”，就是每个人的卧室。公私区分，就是公共活动的起居室、餐厅、过道等，应与每个人私密性强的卧室相分离。在这种情况下，基本上也就做到了“静”与“动”的区分。

5. 做到“洁”与“污”的区分

这种区分也就是基本功能与附加功能的区分。如做饭烹调、燃料农具、洗涤便溺、杂物储藏、禽舍畜圈等均应远离清洁区。

6. 做到生理分居

一般情况下，5岁以上的儿童应与父母分寝；7岁以上的异性儿童应分寝；10岁以上的异性少儿应分室；16岁以上的青少年应有自己的专用卧室。

四、农村垃圾分类处理

1. 垃圾分类的概念和意义

垃圾分类是指按照一定的规定或标准将垃圾分类储存。分类投放和分类搬运，从而转变成公共资源的一系列活动。它的目的是提高垃圾的资源价值和经济价值，力争物尽其用。

垃圾分类是一种可持续的经济发展和生态保护模式，具有社会、经济、生态 3 方面的效益。近年来，随着经济社会的快速发展，人民生活水平不断提升，垃圾数量也与日俱增，给生态环境、财政支付等都带来了很大压力。推进农村生活垃圾分类处置已到了刻不容缓的地步。

2. 常见的农村垃圾

常见的农村垃圾有 3 类：可回收利用垃圾、可堆肥垃圾、不可降解垃圾或有害垃圾。

（1）可回收利用垃圾。可回收利用垃圾由民间废品回收公司回收。包括如下内容。

废纸系列：报纸、书本纸、外包装用纸、办公用纸、广告用纸、纸盒、作业本、草稿纸等。

废塑料系列：农膜、各种塑料袋、塑料泡沫、塑料包装、一次性塑料餐盒、牙刷、塑料杯子、饮料瓶、矿泉水瓶、洗发水瓶、洗洁精瓶、牙膏袋等。

废金属系列：易拉罐、铁皮罐头盒等。

废玻璃系列：玻璃瓶和碎玻璃片、镜子、罐头瓶、啤酒瓶、墨水瓶等。

废橡胶系列：橡胶鞋、单车胎、摩托车胎等。

废衣料系列：废弃衣服、毛巾、书包、布鞋等。

其他：纤维袋、纤维布等。

（2）可堆肥垃圾。可堆沤垃圾由保洁员督促农户就地分散，采取堆肥或填埋处置。包括：瓜果皮、废菜叶、藕煤渣、食物残渣、鸡鸭毛和禽鱼动物内脏等。

（3）不可降解垃圾或有害垃圾。不可降解垃圾和有害垃圾由合作社向农户购买，特指3类：废农药瓶、废电池、废塑料制品。

3. 常见的垃圾分类方法

垃圾分类方法很多。具体到农村地区，初期阶段，可以简单分成“可烂的”厨余垃圾和“不可烂的”其他垃圾，这样村民易于理解和接受。

五、生活污水处理模式

根据我国农村基本国情，生活污水处理大致形成3种模式，即分散处理模式、村落集中处理模式和纳入城镇排水管网模式。

1. 分散处理模式

分散处理模式，即单户或几户，采用小型污水处理设备或自然处理形式处理生活污水，其适用于人口密度稀少、地形条件复杂、污水不易集中收集的村庄污水处理。目前，庭院式分散处理——街道式局部集中就地处理采用较多。

2. 村落集中处理模式

我国提出“连片治理”模式，连片村庄有如下3种形式。

①对地域空间相连的多个村庄，通过采取措施实施综合治理。②围绕同类环境问题或相同环境敏感目标，对地域上互不相连的多个村庄进行同步治理。③通过建设集中的大型污染防治设施，利用其辐射作用，解决周边村庄的环境问题。该模式适用于污水排放量较大、人口密度大、远离城镇的地区。该处理模式，与污水处理站类似，通常采用生物与生态组合处理等工艺形式。

3. 纳入城镇排水管网模式

城镇近郊区的农村，经济条件较好，能直接接入市政污水管道的生活污水，可选择纳入城镇污水管网，进行统一集中处理。该方法具有投资省、施工周期短、见效快和统一管理方便等优点。

因此，应根据村庄所处地域、人口规模、聚集程度、地形地貌、排水特点及排放要求，结合当地经济承受能力等，采用适宜的污水收集和处理模式进行农村生活污水处理。

靠近城市的城镇或村庄生活污水可以并入城市集中式污水处理厂，远离城市的村庄因其独立性和分散性等特点，可以灵活组合生物+生态处理技术，如“化粪池+潜流式人工湿地”工艺的庭院式污水处理技术或“强化一级处理+生物处理+人工强化生态净化”工艺的分散式处理技术等。

第三节　明确宅基地“三权”分置形式

农村土地制度改革中，农村宅基地改革最为独特、最为敏感，触及到深层次矛盾和重大利益调整。探索宅基地所有权、资格权、使用权“三权分置”改革，是乡村振兴的重要内容。

一、落实宅基地集体所有权

“三权分置”体系中的“集体所有权”，是指农村集体组织依法对宅基地拥有占有权、管理权、使用权、收益权和处置权等权能。从理论上讲，农村宅基地集体所有权是农村集体组织的“成员集体”所享有的权利，但是成员集体并不是一个法律“组织”，只是一个抽象的、没有法律人格意义、全体农民的集合群体，因而实践上该权利由农村集体经济组织或者村民委员会代表集体行使。坚持农村宅基地集体所有，是整个农村土地制度改革不可逾越的底线，必须长期坚持毫不动摇。

落实农村宅基地集体所有权，以确保农户及相关主体合理有效使用宅基地，主要体现在以下 5 个方面。

一是农村集体组织依法发包给其成员宅基地资格权，保障农户都能够享受基本的生活居住权益。这是宅基地集体所有的逻辑起点和价值所在。

二是严格坚持“一户一宅”制度，农村集体组织有权收回农户多占的宅基地，不愿退出多占宅基地的农户要向村集体缴纳宅基地使用费，以确保农村宅基地的公平使用。

三是凡农户自愿放弃农村宅基地资格权的，必须将宅基地退回农村集体组织，农村集体组织可依法有偿收回；以其他形式流转宅基地使用权的，应当向农村集体组织备案，切实保障农村宅基地的规范使用。

四是对于重新收回的农村宅基地，农村集体组织有权将其重新发包给未获得宅基地使用权的集体成员，也可以自行开发、入股、租赁、抵押等形式放活集中连片的宅基地使用权，确保宅基地的高效使用。

五是涉及农村宅基地所有权、农户资格权等重大事项调整的，必须实行农村集体组织成员大会或者村民代表会议等议事决策程序，切实保障农村集体组织成员的知情权、参与权、决策权、监督权。

二、保障宅基地农户资格权

“三权分置”体系中的“农户宅基地资格权”，是基于农户作为农村集体组织成员所获得的宅基地资格权利，本质上属于一种组织成员福利权，只有农村集体组织成员才拥有宅基地资格权，具有典型的社区封闭性、身份依附性和不可交易性。当农户将户籍迁入农村集体组织时，自动获得宅基地资格权；当农户将户籍迁出农村集体组织时，宅基地资格权也自动消失；任何组织和个人无法通过买卖方式获得宅基地资格权。

保障农户宅基地资格权应该重点关注以下 4 个问题。

一是从理论上讲，农村集体组织成员平等享受宅基地资格权，然而实践上农户获得宅基地资格权，并不意味着也能够相应获得宅基地使用权。当农村集体组织所拥有的宅基地已经分配完毕后，后来加入农村集体组织的农户虽然自动获得宅基地资格权，但是已经无法获得宅基地使用权。他们或者等待其他农户退回宅基地使用权，或者以继承的方式获得宅基地使用权。

二是只拥有宅基地资格权而没有宅基地使用权的农户，与其他拥有宅基地资格权和使用权的农户一样，可以平等享受农村集体组织将宅基地使用权用于其他经济用途所产生的收益。

三是农户可以依法自愿或以有偿等方式，将宅基地使用权退给农村集体组织，但这并不影响农户的宅基地资格权，将来农户仍然可以向农村集体组织提出申请，重新配给或者赎回宅基地使用权。

四是要严格界定农村宅基地资格权依据，既要避免非农村集体组织成员非法取得宅基地资格权，又要切实保障农村集体组织成员的宅基地资格权益，任何组织和个人不能强制剥夺农户的宅基地资格权。

三、放活宅基地使用权

“三权分置”体系中的“宅基地使用权”，是指农村集体组织成员依法享有的宅基地占有权、使用权、收益权和一定条件下的处分权。

在当前乡村振兴战略深入推进的大背景下，要通过深化农村宅基地产权制度改革，全面放活宅基地使用权，挖掘乡村多重价值和功能，构建乡村价值输出体系，促进城乡资源双向流动，将乡村建设成为百花齐放、剧目丰富的大舞台。

一是整合利用宅基地改革、村庄整治等所节约的建设用地，建设一批综合性、活态化的乡土博物馆，集中搜集农业生产用具、生产生活遗物遗迹，保护和传承农耕和民俗文化，加快推进乡村记忆工程。

二是利用乡村独特的自然山水、乡土风情、生态宜居等优势，吸引热爱民间艺术的文艺工作者来乡村采风创作，打造一批影视村、摄影村、民俗村、画家村、茶道村等艺术旅游村，让文创激活乡村、艺术唤醒乡土，为乡村振兴插上艺术的翅膀。

三是结合下乡返乡创新创业等政策，推进乡村振兴创业创新创客工程，培育壮大农村创客队伍，为乡村振兴提供“动力源”。

四是以土地入股、联营等方式积极探索引入社会资本，利用企业运作模式进行经营管理，重点是以“旅游+”“生态+”等模式，推进农村宅基地改革与旅游、文化、教育、康养、体育等深度融合，使之成为设施完备、功能多样的休闲观光园区、森林人家、康养基地、乡村民宿、渔夫垂钓、旅游小镇、田园综合体等新产业新业态，有序推动城市资源向农村流动。同时，要探索将农村宅基地纳入集体经营性建设用地入市范围，构建农村集体建设用地与国有建设用地同平台、同规则并轨运行的市场交易体系，确保农村集体组织及其成员长久享有宅基地入市的收益。

第四节 深化农村集体产权制度改革

农村集体产权制度改革是一项管全局、着长远、治根本的重大改革，是实施乡村振兴战略的重要制度支撑。

一、完善农村集体资产股份权能

切实赋予农民集体资产股份权能是农村集体产权制度改革的核心内容。从试点情况来看，农村集体资产股份权能改革对农业农村发展及农民增收发挥了重要的推动作用，形成了良好的经济社会效应。《中华人民共和国民法总则》明确赋予了农村集体经济组织特别法人地位。为此，在“还权于民”基本实现的基础上，还需在“赋能于民”上多下功夫。一要加快推进《农村集体经济组织法》立法进程，妥善处理农村集体经济组织成员资格认定过程中存在的矛盾和问题，使农村集体成员资格认定于法有据、有法可依。重点关注“外嫁女”“嫁城女”“农转非”“入赘婿”等特殊人群的成员资格认定和权益保障，既要防止“两头占”，也要避免“两头落空”。二要开展多元化的集体资产股权设置模式（如基本股、土地股、贡献股、资金股、奖励股、老龄股等），赋予农村集体成员对集体资产股份的收益权和分配权权能，因地制宜地选择股权管理模式，在起点公平的基础上兼顾效率。三要健全和完善集体资产股份的价值评估机制，适当调整相关法律法规对集体资产股份抵押权担保的限制性规定，开展农村集体资产产权、股权的抵押、担保及有偿退出，最大程度提升农村集体成员财产权能。农村集体资产股份的转让和有偿退出不可突破社区边界，抵押融资及担保应加强规范化管理。

二、推进经营性资产股份合作制改革

经营性资产股份合作制改革是农村集体产权制度改革的重点内容。近年来，一些地方集体经济蓬勃发展，形成了数额较大的经营性资产，但是未能明晰归属、充分赋能、盘活整合，制约了农村集体经济的长远发展。经营性资产股份合作制尚处于初步阶段，需进一步规范程序、完善治理、扩大试点范围。一要重点抓好清产核资和股份合作制改革两个关键环节。在清产核资的基础上，将集体经营性资产折股量化到人、确权到户，发展多种形式股份合作，构建集体经营性资产保值增值和集体成员财产权益联结机制，让集体成员共享经营性资产收益。二要完善治理机制，延伸改革效能。对于改革后的新型集体经济组织，要厘清与村民委员会的职责功能和权责关系，依法依规、民主决策，制定组织章程及管理办法，建立健全股东大会、理事会、监事会等组织机构和运行机制。三要扩大改革覆盖面。将试点范围从集体资产相对较多的城中村、城郊村和经济发达村等地区，逐步推广到村里有资产、群众有意愿的村。对于无经营性资产或经营性资产较少的村，应认真做好清产核资、界定成员等工作，为日后开展改革做好准备。

三、加强农村集体资产管理

坚持政府监督和民主监督相结合的原则，以村级集体资产保值增值为目标，以改革为手段，加强农村集体资产、资源、资金管理。一是切实维护农村集体经济组织和成员的权益，将村级负担纳入农民负担的监督管理范围，严格规定任何单位、任何组织不得向村级摊派、捐助、赞助，村级集体经济组织也不得为任何单位进行担保。二是严格落实村级零招待（特别是行政接待零招待）、村级报刊订阅限额制度，制订村干部补助、出差住勤、会议开支、村民误工补贴等非生产性开支的范围与标准。三是完善村级会计委托代理制，严格执行村务监督委员会民主监督制度，全面实行村级财务公开，落实村级项目招投标制度，加强对村级收支的审计监督。四是推进农村集体经济组织股份合作制改革，加强清产核资，通过民主程序科学设定每个成员的股权，由村集体经济组织发放股权证，作为享受村级集体资产经营收益分配的依据。五是完善内部治理机制，将农村集体经济组织的名称变更为村股份经济合作社，选举产生村股份经济合作社董事会、监事会，向全体成员大会或成员代表会议负责。

第五节 健全农村金融体系

一、农村金融体系

我国农村金融体系是以商业性金融、政策性金融和合作性金融为主，民间金融为辅，但它们之间的功能既有重叠，又有空缺，使得金融体系存在一定的缺陷，因此，需要重新定位和调整。

1. 加快推进中国农业银行股份制改革，继续促进农村经济发展

在尊重农村金融体系现实格局的前提下，应充分发挥中国农业银行在县域商业金融的基础作用。坚持农业银行的商业化改革方向，并通过改革进一步拓宽和增强农行的支农功能，巩固自身已取得的商业化改革成果，使其经营决策和金融服务贴近基层，贴近农村。

2. 逐步调整邮政储蓄银行的业务范围

随着邮政储蓄银行内部控制和风险管理能力的提高，可以发挥在农村的网点优势。考虑从以下渠道解决邮政储蓄资金部分返回农村使用的问题：一是通过邮政储蓄银行总行将邮政储蓄资金用于国家级大型涉农项目；二是在县一级邮政储蓄银行开办小额质押贷款、保证贷款、小企业联保贷款业务；三是开办担保公司担保类贷款；四是与农村信用社合作，开办协议存款业务。

3. 逐步健全农村政策金融

要改变目前农业发展银行只负责国家粮棉油收购贷款的格局，必须扩大其业务外延。进一步拓宽支农领域，逐步将支持重点由农产品流通领域转向农业生产领域。要严格界定政策性金融的业务边界，对农村的教育、卫生等有社会效益，但经济效益差

的基础设施项目，需要财政的无偿投入；对农业开发等社会效益高而经济效益低、但回收有保障的项目，需要财政有偿投入，这是政策性金融应给予支持的领域。

4. 调整并规范农村合作金融

坚持在自愿互利的基础上，按照通行的合作原则建立相互协作、互助互利的“合作性”资金融通机构，真正体现自愿性、互助共济性、民主管理性、非营利性。农村信用社要在坚持合作制改革基本方向的前提下，继续加大产权改革力度，完善法人治理结构。充分发挥农村信用社服务“三农”的主力军作用，进一步创新金融服务措施，推出更多的适合农民的、更为便捷的金融产品，满足农村对信贷资金的需求。

5. 规范和发展民间金融

与正规金融相比，民间借贷具有灵活、简便、快速的优势。这些独特的优势，使民间借贷与正规金融形成了强烈的互补效应，成为我国金融体系中不可或缺的组成部分。但民间金融也会带来一系列负面影响，如缺乏法律约束、风险大、不稳定性、盲目性、非规范性等，所以国家要尽快制定“民间借贷法”等法律法规，明确其借贷最高额、利率，要求借贷双方向税务部门纳税、到公证机关进行公证，并对高额暴利行为予以打击、取缔，将这一传统的民间金融纳入法制化轨道。

此外，还应积极发展农业保险，发展农产品期货，建立农业生产风险规避机制等，从多发面共同建立一个与社会主义新农村建设相适应的农村金融体系。

二、金融信贷服务

综合运用税收、奖补等政策，鼓励金融机构创新产品和服务，加大对新型农业经营主体、农村产业融合发展的信贷支持。建立健全全国农业信贷担保体系，确保对从事粮食生产和农业适度规模经营的新型农业经营主体的农业信贷担保余额不得低于总担保规模的70%。支持龙头企业为其带动的农户、家庭农场和农民合作社提供贷款担保。有条件的地方可建立市场化林权收储机构，为林业生产贷款提供林权收储担保的机构给予风险补偿。稳步推进农村承包土地经营权和农民住房财产权抵押贷款试点，探索开展粮食生产规模经营主体营销贷款和大型农机具融资租赁试点，积极推动厂房、生产大棚、渔船、大型农机具、农田水利设施产权抵押贷款和生产订单、农业保单融资。鼓励发展新型农村合作金融，稳步扩大农民合作社内部信用合作试点。建立新型农业经营主体生产经营直报系统，点对点对接信贷、保险和补贴等服务，探索建立新型农业经营主体信用评价体系，对符合条件的灵活确定贷款期限，简化审批流程，对正常生产经营、信用等级高的可以实行贷款优先等措施。积极引导互联网金融、产业资本依法依规开展农村金融服务。

三、专项资金补助

高效设施农业专项资金，重点补助新建、扩建高效农产品规模基地设施建设。

农业产业化龙头企业发展专项资金，重点补助农业产业化龙头企业及产业化扶贫龙头企业，对于扩大基地规模、实施技术改造、提高加工能力和水平的给予适当奖励。

外向型农业专项资金，重点补助新建、扩建出口农产品基地建设及出口农产品品牌培育。

农业三项工程资金，包括农产品流通、农产品品牌和农业产业化工程的扶持资金，重点是基因库建设。

农产品质量建设资金，重点补助新认定的无公害农产品产地、全程质量控制项目及无公害农产品、绿色、有机食品获证奖励。

农民专业合作组织发展资金，重点补助“四有”农民专业合作经济组织，即依据有关规定注册，具有符合“民办、民管、民享”原则的农民合作组织章程；有比较规范的财务管理制度，符合民主管理决策等规范要求；有比较健全的服务网络，能有效地为合作组织成员提供农业专业服务；合作组织成员原则上不少于 100 户，同时具有一定产业基础。鼓励他们扩大生产规模、提高农产品初加工能力等。

海洋渔业开发资金。重点补助特色高效海洋渔业开发。

丘陵山区农业开发资金，重点补助丘陵地区农业结构调整和基础设施建设。

四、财政贴息政策

财政贴息是政府提供的一种较为隐蔽的补贴形式，即政府代企业支付部分或全部贷款利息，其实质是向企业以成本价格提供补贴。财政贴息是政府为支持特定领域或区域发展，根据国家宏观经济形势和政策目标，对承贷企业的银行贷款利息给予的补贴。政府将加快农村信用担保体系建设，以财政贴息政策等相关方式，解决种养业“贷款难”问题。为鼓励项目建设，政府在财政资金安排方面给予倾斜和大力扶持。农业财政贴息主要有两种方式：一是财政将贴息资金直接拨付给受益农业企业；二是财政将贴息资金拨付给贷款银行，由贷款银行以政策性优惠利率向农业企业提供贷款。为实施农业产业化提升行动，对于成长性好、带动力强的龙头企业给予财政贴息，支持龙头企业跨区域经营，促进优势产业集群发展。中央和地方财政增加农业产业化专项资金，支持龙头企业开展技术研发、节能减排和基地建设等。同时探索采取建立担保基金、担保公司等方式，解决龙头企业融资难的问题。此外，为配合各种补贴政策的实施，各个省和市同时出台了较多的惠农政策。

五、小额贷款政策

为促进农业发展，帮助农民致富，金融部门把扶持“高产、优质、高效”农业、帮助农民增收项目作为重点，加大小额贷款支农力度。明确要求基层信用社必须把65%的新增贷款用于支持农业生产，支持面不低于农村总户数的25%，还对涉及小额信贷的致富项目，在原有贷款利率的基础上，下浮30%的贷款利率。

六、财政支持建立全国农业信贷担保体系政策

财政部、农业部、银监会联合下发《关于财政支持建立农业信贷担保体系的指导意见》（财农〔2015〕121号），提出力争用3年时间建立健全具有中国特色、覆盖全国的农业信贷担保体系框架，为农业尤其是粮食适度规模经营的新型经营主体提供信贷担保服务，切实解决农业发展中的“融资难”“融资贵”的问题，支持新型经营主体做大做强，促进粮食稳定发展和农业现代化建设。

全国农业信贷担保体系主要包括国家农业信贷担保联盟、省级农业信贷担保机构和市、县农业信贷担保机构。中央财政利用粮食适度规模经营资金对地方建立农业信贷担保体系提供资金支持，并在政策上给予指导。财政出资建立的农业信贷担保机构必须坚持政策性、专注性和独立性，应优先满足从事粮食适度规模经营的各类新型经营主体的需要。对新型经营主体的农业信贷担保余额不得低于总担保规模的70%。在业务范围上，可以对新型经营主体开展粮食生产经营的信贷提供担保服务，包括基础设施、扩大和改进生产、引进新技术、市场开拓与品牌建设、土地长期租赁、流动资金等方面，还可以逐步向农业其他领域拓展，并向与农业直接相关的二三产业延伸，促进农村一二三产业融合发展。

第六章　深化农村改革

第一节　深化农村土地制度改革

实行以家庭承包经营为基础、统分结合的双层经营体制，是以公有制为基础、多种所有制共同发展的中国特色社会主义基本经济制度的客观要求，是由农业生产的特点和生产力水平决定的，也是世界各国农业发展的共同经验，更是我国农业发展正反两方面实践得出的基本结论。

一、实行以家庭承包为基础的土地承包制

在人民公社体制下，农民没有生产经营自主权，农民的劳动付出与其在土地上的产出无法直接挂钩而导致“大锅饭”、内部监督费用高的问题，阻碍了农业生产力的发展。在各地普遍实行包产到户、包干到户的基础上，1983 年中央一号文件《当前农村经济政策的若干问题》提出，要对人民公社体制进行改革：一是实行生产责任制，特别是联产承包责任制；二是实行政社分设。至此，人民公社体制解体，取而代之的是以土地承包经营为核心的家庭联产承包经营责任制。

第一轮土地承包期限为 15 年。家庭承包制是广大农民群众的实践创造，刚开始由于没有统一规定承包期，期限一般为 2～3 年。因承包期短，农民对承包的土地缺乏稳定感，不敢对土地进行持续投入，出现了对土地的掠夺性经营。为了解决这一问题，

1984年中央一号文件指出，土地承包期一般应在15年以上。在延长承包期前，群众有要求调整的，可以本着“大稳定、小调整”的原则，经过充分协商，由集体统一调整。1990年12月，中共中央、国务院在《关于1991年农业和农村工作的通知》中指出：“只要承包办法基本合理，群众基本满意，就不要变动。”

第二轮土地承包期再延长30年。1993年11月，中共中央、国务院在《关于当前农业和农村经济发展的若干政策措施》中指出，在原定的承包期到期后，再延长30年不变。提倡在承包期内实行“增人不增地，减人不减地”的办法。1997年，中共中央办公厅、国务院办公厅在《关于进一步稳定和完善农村土地承包关系的通知》中指出，土地承包期再延长30年，是在第一轮土地承包的基础上进行的。开展延长土地承包期工作，要使绝大多数农户原有的承包土地继续保持稳定。不能将原来的承包地打乱重新发包，更不能随意打破原生产队土地所有权的界限，在全村范围内平均承包。要及时向农户颁发由县或县级以上人民政府统一印制的土地承包经营权证书。1998年10月党的十五届三中全会将家庭联产承包经营改为家庭承包经营，取消了“联产”两字，并指出，家庭承包制是农业生产特点决定的，不仅适应目前的生产力发展水平，农村生产力发展水平提高以后也适应。

2002年8月，全国人民代表大会常务委员会会议通过、中华人民共和国主席令（第73号）颁布了《中华人民共和国农村土地承包法》（以下简称《农村土地承包法》），至此，我国集体所有制前提下的家庭承包制制度完全确立，并成为农村的基本经营制度、党的农村政策的基石。随后，全国各地根据《农村土地承包法》的规定，对一些不符合法律规定的做法进行了完善。

党的十九大提出，第二轮土地承包到期后再延长30年。这是保持土地承包关系长久不变的重大举措，顺应了亿万农民保留土地承包权、流转土地经营权的期待，给农民吃下了长效的“定心丸”，进一步夯实了实施乡村振兴战略的制度基础。

二、土地承包方式及其保护

《农村土地承包法》规定，农村集体土地承包的当事人、合同期限、权利和义务都由国家法律规定。承包方式主要有家庭承包和其他方式承包两种。家庭承包方式主要针对耕地、草地和山林，发包方是村集体经济组织（一些集体经济组织建设不健全的地方由村民委员会代行发包方职责），坚持以家庭为单元、户户平等承包的原则。承包方限于本集体经济组织内的农户，其他集体经济组织的农户或人员不得承包。每一个农户根据家庭人口、劳动力数量、土地级差等情况承包数量、地块不一的土地。第一轮的承包期限为 15 年，第二轮的承包期限，耕地为 30 年，草地为 30~50 年，林地为 30~70 年。

其他承包方式主要针对村内除耕地、林地、草地外的其他面积不大的土地，如果园、茶园、鱼塘或者荒山、荒地、荒滩、荒溪等，实践中也叫专业承包。其他承包方式坚持效率优先、兼顾公平的原则，一般采用招标、拍卖、公开协商来确定承包对象，一般谁出的承包费多就由谁来承包。承包对象不一定局限于本集体经济组织内的人；但在同等条件下，本集体经济组织内的人优先承包。承包期可长可短，比较灵活。

土地承包经营权的保护。国家法律和政策对农民的土地承包经营权实行严格保护。一是坚持农村土地的集体所有制不动摇。无论农村土地制度怎么改革，都不得否定农村土地的集体所有制，不得平调不同集体所有的土地实行平均承包，不得买卖农村集体土地。二是在承包期内，发包方不得收回农民的承包地、不得调整农民的承包地、不得因承办人或负责人变动或集体经济组织分立合并而变更或解除承包合同。三是采取不同方式解决土地承包纠纷。可以由双方当事人协商解决，可以请求村委会、乡镇政府调解，可以向法院直接起诉，可以向市、县（市、区）土地承包仲裁机构申请仲裁。

三、推进“三权”分置改革

农村土地的“三权”分置，是指将现阶段土地承包经营权分为承包权和经营权，实行所有权、承包权、经营权分置并行（简称“三权”分置），是继家庭联产承包责任制后农村改革又一重大制度创新，要在依法保护集体土地所有权和农户承包权前提下，平等保护土地经营权，理顺“三权”关系。

完善承包地“三权”分置制度。农村集体土地权益是个“集合”，基本权利就是所有权、承包权、经营权，所有权是物权，承包权是用益物权，经营权是债权。这“三权”既可合而为一，也可分而实施。推进“三权”分置就是要明晰所有权、稳定承包权、搞活经营权，目的是让农民的土地权益保护更加充分，土地使用更加高效。实行家庭承包制实现了土地所有权和承包经营权的分离，但承包经营权并没有进一步实现分离。完善承包地“三权”分置，明晰所有权是前提，要对不同的集体土地颁发农村集体土地所有权证，规定征收农村集体所有土地的条件、程序及补偿办法和标准。稳定承包权是关键，拥有土地承包权是农民家庭的“天然”权利，土地对农民而言既是生产资料又是生活资料，拥有了承包权，进一步可进城经商务工，退一步可生产生活，对农村的稳定和乡村振兴具有特别重要的意义，不能以各种理由剥夺农民的土地承包权。搞活经营权是目的，让土地经营权在市场配置下与其他要素结合发挥更好的效益。

开展土地确权登记颁证。历经二轮土地承包后，虽然家庭承包制在农村得到普遍推行，广大农民也都领到了土地承包经营权证，但仍存在承包地四至不清、承包面积不准、承包权证登记的面积与实际面积不符等问题。开展确权登记颁证的重点就是要解决这些问题，并且为二轮承包到期后再延长30年打下坚实基础。首先是要由专业人员借用GPS等定位仪器精准确定承包地的四至位置和面积。其次是与农户确定实际面积，得到农户的普遍认可。最后是重新换发新的土地承包经营权证，并对权证实行信息化管理，将此作为保护农民土地承包权的依据，进一步提高土地承包管理的水平。

搞活土地经营权权能。对家庭承包方式的承包土地，重点是实行土地承包权与经营权的再分离，获得土地经营权的“债权”权利。获得经营权的个人与组织可以向有关部门申请并进行登记，后由有关部门颁发土地经营权证。通过其他承包方式获得的土地经营权则可直接向有关部门申请登记获得土地经营权证。当前重点是要抓紧制定土地经营权登记、抵押贷款的相关制度。

第二节 创新现代农业经营体系

承包农户和专业大户、家庭农场、专业合作社、农业公司组成的“一基础四骨干”，是构成现代农业经营体系的主要力量，除承包农户外，专业大户、家庭农场、专业合作社、农业公司是新型农业生产经营主体的主要形式。

一、新型农业经营主体的主要形式

劳力、土地、资金、技术是经济活动的“四要素”，各要素虽都能反映生产规模水平，但唯有组织制度才能将这“四要素”按数量和结构有机组合起来，从而形成现实生产力。培育新型农业经营主体就是将各种经济组织制度引入农业各产业和农业生产经营各环节。当前的新型农业经营主体主要包括专业大户、家庭农场、农民专业合作社、农业公司。

1. 专业大户

其表现为经营规模大，专业从事某一种农产品的生产或经营，投入和生产以家庭人员为主，主要通过土地流转形成，无须工商注册。专业大户是最早的新型农业经营主体，随着土地流转开始而产生，对粮食增产、农业增效、农民增收做出了极大的贡献。从20世纪末至21世纪初最为普遍，目前仍是最主要的新型农业经营主体之一。

2. 家庭农场

党的十七届三中全会首次提出家庭农场这一组织形式，近年来越来越受到重视，数量也不断扩大。对什么是“家庭农场”，目前尚没有统一的提法，一般将具有一定经营规模，主要靠家庭人员生产经营，农业收入在家庭收入中占主要比例的农户称为家庭农场。实际上，家庭农场是对一类具有某些共同特征的组织的“俗称”，并不是一种独立的农业组织制度。从内涵上看，家庭农场具有以下特点：一是出资者和经营者特别是出资者主要是家庭成员。这是核心内涵。至于家庭成员的范围，可以是直系三代，也可以适当放宽到旁系。至于规模有多大，可从实际出发，一家人承包两三亩土地，成立家庭农场也可以。二是一定要经过工商注册。这是它与专业大户的根本区别。没有工商注册，只能算是专业大户或承包农户，只有进行了工商注册，才有可能成为家庭农场。三是主要从事农业生产经营。包括从事种植业、养殖业或农牧结合的多种经营。从外延上看，家庭农场可以按多种组织制度进行工商注册。以浙江省为例，一般可以用4种形式进行注册：以个体户形式登记，领取营业执照，这种形式简单方便；以个人独资企业登记，领取企业营业执照；以普通合伙制企业登记，领取企业营业执照；以公司制企业登记，领取法人营业执照。家庭农场可以是负无限责任的个私企业或合伙制企业，也可以是公司制的法人组织。

3. 农民专业合作社

合作社是一种古老的组织制度，甚至比股份制公司的出现还要早，其基本特征是“共同拥有、共同管理、共同享用”，是世界各国农业发展普遍采用的一种生产经营组织制度，在很长一段时间内几乎是我国农业唯一的生产经营组织。农民专业合作社是农业专业化生产、社会化服务的产物，十多年来在农业生产经营和服务中大放异彩。浙江省是农民专业合作社的发源地，全国最早的经工商登记的农民专业合作社、最早的农民专业合作社地方性法规都产生于浙江。根据有关规定，成立专业合作社的条件很简单，只要 5 个以上的出资人共同发起，制定一个章程（农业行政管理部门有示范章程），就可到工商局免费进行登记。专业合作社的根本特征是“统分结合、双层经营”，类型大致有 3 种：一是全体社员统一生产经营，社员之间共同生产、共同服务，类似于过去的生产队（但生产队存在加入不自愿、退出不自由的缺陷）；二是社员分头生产专业合作社全程服务，从产前购买农业生产资料，到产中技术服务，再到最后的统一品牌销售，都由专业合作社统一服务；三是在社员分头生产各自服务的基础上，专业合作社在某一环节实行统一服务，如统一购买生产资料，可以发挥“团购”作用，降低采购价格，又如统一销售农产品，可以发挥“团销”作用，促进农产品销售。办好专业合作社，应当具备以下要素：“一村一品”，即一个地方的主导产业或主导产品突出，这是兴办专业合作社的产业基础；“一品一社”，即围绕主导产业或主导产品来兴办专业合作社，这是提高农业组织化程度的表现；“一社一牵头人”，即专业合作社需要能人牵头，凡是发挥作用比较好的专业合作社，都是既有驾驭市场的能力，又有带领大家共同致富的意愿的“能人”在起作用；“一社一套服务设施”，专业合作社主要是为社员服务的，必须有比较强的服务设施；“一社五化”，即组织开展运行规范化、生产标准化、经营品牌化、社员技能化、产品安全化等各项活动，努力规范好社员的生产经营行为，按照标准组织生产、申请或转让品牌销售农产品，加强对社员的技能培训，切实保障农产品的质量安全。

4. 农业公司

其代表性组织制度是责任有限公司，基本特点是出资者和从业者不同，出资者是老板，拿的是利润；从业者是工人，领的是工资。出资者中，谁出资多，谁就是董事长。赚来的钱，按出资份额进行分配。因此，公司具有产权清晰、运转高效的优点，是现代企业制度的代表。成立农业公司是有志于农业发展的个人或组织常用的一种组织制度，也是农业领域大众创业、万众创新普遍采用的一种办法，更是工商资本投资农业采取的主要形式。在实践中要把握好以下几点：一是鼓励。农业是弱质产业，各级政府和有关部门都要鼓励各种社会资本投资农业，切实增强农产品的供给能力。二是引导。引导公司特别是工商资本向种业、技术服务业、农产品加工流通业等领域投资，成为各类农业龙头企业，提高带动小农户的能力。三是支持。政府和有关部门对各类农业公司的生产经营要一视同仁，使其在财政、税收上和其他农业组织享受同等待遇。四是管理。加强对农业公司的监督，促进其依法经营，切实禁止“非农化”，防止“非粮化”。

新型农业经营主体除了以上4种形态外，还有民办非企业单位，如民办的农业研究所、民办的农业培训中心，以及民间组织，如农产品行业（产业）协会、学会、研究会等。这些经营主体都从不同的角度投入农业生产经营或为农业提供各种服务。当然，国有和集体农场也是农业生产经营主体，但目前数量有限，并且土地基本上都实行承包制或租赁制，农场已退出农业的直接经营。

二、合理选择农业经营组织形式

承包农户和专业大户、家庭农场、专业合作社、农业公司组成的“一基础四骨干”，是构成农业经营体系的主要力量，除承包农户外，专业大户、家庭农场、专业合作社、农业公司是新型农业生产经营主体的主要形式。在实践中，采用何种组织形式也有讲究，衡量的标准是哪种组织形式最有利于节省成本、提高效益，这又与不同的农业产业特点、不同的生产规模、不同的经营者管理水平紧密相关。

专业大户和家庭农场相比较。专业大户形式最简单，不用配会计、出纳，最多记个流水账，产品自产自销也都免税，但只能享受政府的普惠制政策，如粮食直补，而对于一些需实行申报制的支农项目无能为力，在品牌化经营上也是如此。而家庭农场首先要注册登记，还要不定期接受工商部门、税务部门的检查。但家庭农场可以在银行开户，可以有更好的信用跟其他组织签订产销合同，还可以申请有关部门给予项目支持。因此，专业大户是基础，只要有志于扩大农业生产规模的农户都可以采用，而家庭农场是专业大户的高级形式。培育的家庭农场要优先从专业大户中选择，当前应积极鼓励“户改场”，鼓励专业大户经工商登记改造成为家庭农场。

专业合作社与农业公司相比较。组织制度各有优势，从一般经济活动来看，公司制要优于合作制，虽然合作制的产生要早于公司制，但后来被公司制“打败”了。合作制在世界范围内辉煌了一段时期后，领域不断缩小，数量不断下降，最主要原因是经营机制不佳。合作制讲究的是公平，公司制追求的是效率，而对于经济组织来说，效率才是第一位。从农业生产经营来看，公司制并不优于合作制，这主要由农业生产特点决定。农业是自然再生产和经济再生产的统一，经济再生产是共性，自然再生产是个性。农业生产季节性强、生产周期长，不用像工业企业一样必须造一批固定的厂房、吸收一批固定的工人，农忙时大家出力，农闲时只要一个或几个人管理就可以。合作制虽然已退出大部分领域，但在农业领域是一枝独秀，成为世界各国发展农业普遍采用的组织制度。具体来说，劳动密集型、土地密集型农产品的生产，一般选择合作制；技术密集型、资金密集型农产品的生产，一般选择公司制。如对于畜牧业中的家禽生产，合作制要好于公司制，而生猪生产，则用公司制好；鲜活农产品的生产，一般选择合作制，而加工型农产品的生产，一般选择公司制；还有提供农业生产性服务的，选择合作制，而提供营销、物资供应服务的，选择公司制。特别是农业服务业，合作制明显具有优势，在某种程度上说，专业合作社不是一种生产组织，而是一种服务组织。产业扶贫是实行精准脱贫的主要途径，应当大力采用专业合作社的组织形式，通过能人带动和提供服务，促进那些缺资金、缺技术、缺销路的贫困户发展生产，增加收益，尽早脱贫。

但各种组织制度并不是对立的，实践中更多的是多种组织制度交织在一起，对于生产者来说，可以采用多种组织制度。如家禽业产业化经营过程中，在种禽环节用家庭农场形式比较好，在养殖环节选用专业合作社，而在屠宰（加工）环节则用公司制。又如在茶叶生产加工中，在茶园管理和青叶采摘中，选用合作制为好，而在茶叶加工中，则必须采用公司制。不同的组织制度可以在不同的环节起到节约成本、提高经济效益的作用，而某一位能人可以成为其中的家庭农场场长、专业合作社社长和公司董事长。

一个农业生产者也并不是只参加一种组织。农业公司与其他公司之间完全可以共同出资成立新的公司，专业合作社也可以与其他组织共同出资成立新的经济组织。一个水果专业合作社要搞农产品加工，当然自己可以办，但最好还是与其他企业，如某一个水果加工企业共同出资成立新的水果加工公司，既可以节省投资，也可以借用别人的技术力量。当然，到底是行使控股还是参股的职权，就要看各自在总出资额中的比重了。

在各种组织制度中，农民专业合作社具有特殊的“魅力”。这种组织既可以是农户与农户的联合，也可以是公司与公司的联合，更可以是专业合作社与专业合作社的联合。实际上，专业合作社与农业生产力发展水平高低没有关系，前者是由农业生产特点决定的，这与家庭承包经营跟农业生产力发展水平没有关系是同一个道理。从最早出台农民专业合作社地方性法规的浙江省来看，“农业因合作社而美丽”已被实践证明。当前应重点打好专业合作社能力建设“组合拳”：通过资产重组打造大社、强社或成立专业合作社联合社，通过设施建设增强服务能力，通过规模扩大提高营利水平，通过应用先进技术提高生产水平，通过延长产业链形成新的经济增长点，通过引进人才促进管理水平，通过创新经营机制提高效率。专业合作社必将因提升壮大而更加灿烂。

第三节　健全城乡融合发展体制机制

一、加快户籍制度改革

健全城乡统一的户口登记制度，取消农业户口与非农业户口的性质区分和由此衍生的蓝印户口等户口类型，统一登记为居民户口，体现户籍制度的人口登记管理功能。与统一城乡户口登记制度相适应，建立教育、卫生健康、就业、社保、住房、土地及人口统计等制度。按照有序放开大城市落户限制的要求，立足现实和发展需要，合理确定大城市落户条件与政策。可建立统一的积分落户制度及按梯度享受基本公共服务的政策，即根据农民到大城市的就业年限、居住时间以及职业资格、技术水平、学历层次、岗位贡献等内容，设置积分指标体系、标准及奖惩办法，并根据其积分指标提供按梯度划分的基本公共服务，以引导其合理有序流动、集聚，分期分批到大城市落户，逐步享受同城同待遇的基本公共服务。

二、提升人口管理水平

探索建立“身份证+居住证+市民卡”的现代人口服务管理平台。要在创设新的待遇管理服务系统的前提下，取消现行户籍制度，剥离附加在户籍上的待遇，回归户籍制度登记和统计人口的本原功能。借鉴一些发达国家的做法，从我国实际出发修改《中华人民共和国居民身份证法》，在居民身份证中存储指纹信息或其他生物学特征信息，完善居民身份证使用、查验制度，以公安人口信息为基础，融合人力资源和社会保障、工商、税务、统计等部门以及金融系统的相关信息资源，建立以公民身份证号码为唯一代码的国家人口基础信息库，健全实有人口动态管理机制，从而实现以身份证取代户口簿、由“管户”到“管人”、由人口静态管理到动态管理的历史性转变。积极探索由社保卡和居住证、临时居住证承担差别化管理，其中社保卡（市民卡）落实本地居民待遇，居住证和临时居住证落实以农民工为主的外来人口待遇。为了保证相关待遇的可转移、可接续，可以借鉴美国社会保障卡的运行经验，借助信息技术的发展，将身份证与社保卡功能联通、融合，实现社保卡在全国范围内的统一、规范。

三、完善城乡就业服务

健全城乡统一的劳动力市场和就业服务体系。转变培训方式，加快农村劳动力从普通务工者向一技之长的“技工”转变。打破城乡、区域、行业分割和身份、性别歧视，维护劳动者的平等就业权利。建立覆盖城乡的公共信息服务平台，实现就业数据实时联网、资源共享。健全城乡统一的用工管理制度、合理的工薪增长机制和最低工资标准制度，完善农民工欠薪支付机制，切实维护城乡劳动者的合法权益。高度重视和大力支持灵活就业、新就业形态，提高农民充分就业水平。深入开展公益性岗位进村活动，切实解决低保户、低保边缘户和被征地农民、低收入农户等的就业困难问题。

四、增强社会保障能力

加快形成城乡一体、惠及全民、功能完备、保障有力的社会保障体系，推进社会保障从制度全覆盖向人群全覆盖转变。完善城乡居民基本养老保险制度，做实养老保险个人账户，实现基础养老金跨区域统筹。加快被征地农民养老保险与城镇养老保险相接轨，结合居民收入增长和物价上涨等因素稳步提高基础养老金。构建以基本医保为主体、大病保险为延伸、医疗救助为托底、社会慈善和商业保险等多种保障形式为补充，层层递进、功能互补、有机衔接的多层次全民医保体系。完善最低生活保障制度，逐步提高低保标准和补助水平，不断缩小城乡低保补助标准的差距，适当扩大低保人口的比例。大力推进保障性住房建设，让困难群众住有所居、居有所安。

第四节　创新乡村治理体系

乡村治理体系是国家治理体系的重要组成部分，加强和创新乡村治理是推进国家治理体系和治理能力现代化的关键领域和重要内容。自治、法治、德治相结合的乡村治理体系，是实现乡村善治的有效途径。

一、以乡村自治为根本

乡村自治在乡村治理体系中居于核心地位，既是乡村民众参与乡村治理的重要平台，也是乡村民众当家做主的最有效、最广泛的途径。健全乡村治理体系，要以乡村自治为根本，突出乡村自治的核心地位，激发乡村民众参与乡村建设的活力。具体来看：①完善相关人才政策，通过突破性激励吸引人才投身乡村事业发展。激发乡村发展建设的活力，需要从政策层面研究建立各类人才从城市向乡村回流的突破性激励机制，培养造就一支懂农业、爱农村、爱农民的工作队伍，吸引更多人才投身农业发展农村建设，为推进农业农村现代化不断注入新动能。同时，积极培育新型农业经营主体，培育多元化农村基层集体经济社会组织，将其有组织地纳入乡村治理整体布局，形成统一有序高效的乡村治理格局。②加大乡村公共建设投入，满足公共服务需求。在农民对农村基础设施建设、文化教育、医疗卫生和社会保障等公共服务需求增强的情况下，应加大公共建设投入，满足人们对公共服务的需求。③增强自治意识、培育自治观念。乡村自治在体现村民意志、保障村民权益、激发农村活力等方面具有重要作用。应通过引导乡村基层组织、社会组织和村民个人积极性参与乡村建设，进一步提升农民群众自我管理、自我服务水平，逐步培育村民的自治观念，强化自治意识。④完善制度基础，提供制度保障。乡村自治需要不断完善和夯实制度基础，通过完善民主选举、民主决策、民主参与和民主监督制度为广泛的自治参与提供制度保障。

二、以乡村法治为保障

乡村治理“秩序规范”问题的解决，关键在于充分发挥乡村法治的秩序保障功能。

从规范公共权力运行看：①向乡村行政主体渗透正确的权力观念。乡村行政主体源于法治所凝聚的制度规范的认知，培养其法治精神。乡村自治的引领中，以法治所倡导公益观、公平观、自由观、人本观内化为个人权力执行的价值理念，以此作为自治中权力运行的内核，实现掌握内在世界的有序化。②依法确保乡村行政主体权力运行责任化。法治以明文规定乡村行政主体的责任范畴，有权有责是规范权力，保障乡村民众利益的根基，也是权力运行有序的内容之一。③法治实现乡村行政主体权力运行阳光化。法治为乡村公共权力在阳光下运行提供渠道，以此建构行为规范、运转协调、廉洁高效的乡村行政管理体系，推动乡村行政主体的权力走向有序化。

从保障公民权利实践有序化看：法治最重要的价值在于能够防范民主弱性的暴露，防止民主对个人权利的背离和误击，以形成民主实现的秩序状态，防止民主的无序和混乱。①法治涵养乡村民众规则意识。自治中公民规则意识形成是在法治状态下通过对法律规范内在价值的认同，进而把法律有效地内化为其自觉的价值尺度和行为准则。②对公民行使自治权利与承担责任提供法治保障。法治为公民参与自治的权利提供制度保障，同时赋予公民责任，增强乡村民众的责任感、对乡村公共利益负责、以权责相统一参与自治，从而构成乡村自治良性运行的内在保障。③为公民参与的途径、方式提供法律规范。法治是一种规则之治，它使人类活动服从法律规范，公民参与自治作为人类活动之一，理应服从既定的法律规范。将公民参与途径、方式纳入规范化、合理化轨道下最根本的就是靠法治，以法律的约束性、规范性调整其公民的参与途径、方式。

三、以乡村德治为支撑

德治是一切良治善治的基石。在乡村治理中融入德治，能够为乡村自治和法治赢得情感支持、提供重要支撑，使乡村治理体系发挥事半功倍的效果。健全乡村治理体系，要以德治为支撑。具体来看：①要大力培育和弘扬社会主义核心价值体系和核心价值观，加快构建充分反映中国特色、民族特征以及时代特征的价值体系，并将具有中国特色的社会主义核心价值观作为乡村道德建设的灵魂。②重视乡规民约，培育村民的道德情怀。村规民约所强调的宣扬尊老爱幼、长幼有序、邻里和睦、团结他人等道德思想，彰显了以传统伦理道德理念为核心的治村模式，在乡村社会曾得到村民普遍的认同，一度成为治村的规范。新时代的背景，德治作为乡村治理体系的情感支撑，其作用的发挥不仅需要社会主义核心价值观浸入村民的道德体系，同时也要让村民接受我国优秀传统道德文化的滋润，培养对乡村共同体建设的道德情怀。③以乡贤示范引领村民进行道德实践。乡贤体现了“德”与“行”的核心要素，他们以自身的言行，不仅向乡村社会传递崇德向善的道德理念，而且他们引领着乡村的道德实践。封建社会时期乡贤因其言行举止、学识或德行而受到人们的尊重，奉为村中榜样或者典型，推动了村民的道德实践。新时期，乡村治理应发挥乡贤的道德榜样示范作用，通过乡贤的示范作用，劝诫村民遵守道德规范提高道德修养，遵守社会公德，引导村民进行道德实践，以道德实践驱动村民对乡村建设的认同感，从而以情感支撑乡村治理体系作用的发挥。

第七章　脱贫攻坚成果同乡村振兴有效衔接

第一节　建立长期有效机制

实现巩固拓展脱贫攻坚成果同乡村振兴有效衔接，关键在于建立巩固拓展脱贫成果的长期有效机制。

一、建立低收入人口和欠发达地区帮扶机制

建立低收入人口和欠发达地区帮扶机制，需要明确低收入人口和欠发达地区帮扶在国家扶贫战略和乡村振兴战略中的地位，明确低收入人口和欠发达地区帮扶原则、主要帮扶方式、资源保障机制以及相应的领导和责任机构、治理体系。

二、建立和完善脱贫地区基础设施管护制度

脱贫攻坚期的交通、水利、能源、通信、环境等基础设施，是巩固拓展脱贫成果和推进农业农村发展的物质基础，需要尽快建立和完善脱贫地区基础设施管护制度，明晰各个基础设施项目的产权和管护责任，确定合适的管护形式和制度，明确管护经费来源。

三、建立扶贫项目资产运营、管理和分配制度

脱贫攻坚期间投资建设了大量的归集体所有且形成固定资产

的基础设施、公共服务设施及扶贫车间、扶贫基地等扶贫项目。这部分资产的产权、收益和分配不仅影响资产的安全，也影响脱贫攻坚成果的巩固。需要建立健全扶贫项目资产管理体制和运行机制，构建归属清晰、权能完整、流转顺畅、保护严格的扶贫项目产权制度，切实维护农村集体和农民群众的合法权益。

四、建立和完善低收入人口和欠发达地区的就业支持及保障制度

为有劳动能力的脱贫和低收入人口提供就业支持和保障，事关脱贫成果的巩固拓展。应该在推进包容性充分就业战略、总结已有就业扶贫政策的基础上，探索、建立和完善脱贫和低收入人口就业支持和保障制度。继续为脱贫和低收入人口提供就业技能培训，促进就业信息分享；继续在东西劳务协作、创造就近就业机会、分配等方面向脱贫和低收入人口倾斜，同时建立包括农村劳动力在内的失业保险和就业救助制度，加强就业保障。

五、建立和完善基本公共服务供给与提升保障制度

要巩固拓展义务教育、基本医疗保障成果。建立和完善基本公共服务供给和提升保障制度势在必行，为此首先需要建立和完善基本公共服务供给和保障机制，使城乡和区域均等化程度不断提升，并建立和完善相应的责任体制、经费保障机制、资源相对均衡配置机制以及监测评估机制；建立和完善保障脱贫地区、脱贫人口、低收入人口和其他脆弱人口基本公共服务供给的长效机制，特别是在基本公共服务的基础设施建设和配套、运行经费、资源配置和能力建设等方面。

六、完善社会保障和社会救助制度

养老、医疗等社会保障和低保、特困人员救助供养、医疗救

助、教育救助、住房救助等社会救助，是巩固拓展脱贫攻坚成果的重要制度保障。要完善和加强社会养老保险、基本医疗保险在巩固拓展脱贫攻坚成果中的基础性作用，根据发展水平和财政能力逐步提高保障标准、优化支付程序、增加使用和支付的便利性；加快社会救助法的立法、完善社会救助法对脆弱群体的救助标准、程序和管理，更好地发挥社会救助在巩固拓展脱贫攻坚成果中的基础性和补充性作用。

七、完善东西部协作扶贫等社会扶贫制度

东西部扶贫协作和对口支援、社会力量参与帮扶，是具有中国特色且行之有效的社会扶贫制度，在我国脱贫攻坚任务中发挥了重要的积极作用。要在总结已有经验的基础上，根据协作互助、共赢、奉献相结合的原则，建立和完善东西部扶贫协作和对口支援的长效机制。通过完善准入、税收减免、信息共享、购买服务等政策引导，逐步建立和完善个人和社会组织等社会力量共同参与扶贫的长效机制。

八、完善防止返贫和新生贫困监测帮扶机制

减少和防止已脱贫人口返贫和滋生新的贫困人口是巩固脱贫攻坚成果的内在要求。《国务院扶贫开发领导小组关于建立防止返贫监测和帮扶机制的指导意见》确定了防止返贫机制建立的基本原则和防止返贫的帮扶措施。现在需要根据脱贫攻坚任务完成后的新形势，结合已有的试点经验，完善防止返贫和新生贫困监测及帮扶机制。重点是进一步明确和动态调整返贫和新生贫困监测及帮扶的对象和标准，优化监测和帮扶对象确定程序，细化和规范监测数据来源及质量控制，完善帮扶措施并提高多种帮扶措施的协调性。

九、建立易地扶贫搬迁脱贫人口的基层治理和社会融入帮助机制

在做好易地扶贫搬迁脱贫人口的就业、创收和基本公共服务保障等后续帮扶工作的同时，建立易地扶贫搬迁脱贫人口的基层治理和社会融入帮助机制也显得尤为重要。要加强和改善易地扶贫搬迁集中安置社区的基层组织建设和制度机制建设，使搬迁脱贫户的需求和诉求能够得到合理有效的满足。同时通过建立和完善搬迁人口社会融入帮助机制，让搬迁人口尽快完成再社会化过程。

十、适时加快推动扶贫的法治建设

法治化建设是巩固脱贫攻坚成果、实现扶贫制度化规范化的基础性工作。我国要加快推进扶贫开发法治建设，通过扶贫立法确定我国扶贫工作的长期性，界定政府和社会等不同主体在扶贫中的法律责任，确定扶贫的主要方式及资金保障，规范扶贫治理和扶贫主体的行为。

第二节　发展壮大乡村产业

一、稳定发展乡村农业

农业是乡村的主体产业，是乡村基础价值的体现。按照农业供给侧结构性改革要求，在确保国家粮食安全的基础上，紧紧围绕市场需求变化，以提高农产品供给质量为主攻方向，优化产业产品结构，统筹调整粮经饲种植结构，发展规模高效种养业，做大做强特色优势产业，优化区域布局，全面提升质量安全水平。

1. 粮食产业

粮食产业是稳民心安天下的基础性战略性产业。稳定粮食生产、发展粮食产业，提高粮食供给质量、确保粮食安全，是构建乡村产业体系的基础和基本任务。

（1）稳定提高生产能力。深入实施藏粮于地、藏粮于技战略，落实最严格的耕地保护制度。划定粮食生产功能区，做好所有地块建档立册、上图入库，实行信息化精准管理，推行功能区内经营用地承诺制。实施好标准农田质量提升和粮食生产功能区提标改造，努力改善农田质量条件，提升地力。

（2）优化生产结构。稳定水稻、小麦生产，确保口粮绝对安全，重点发展优质稻米、强筋弱筋小麦，调减非优势区籽粒玉米，增加优质食用大豆、薯类、杂粮杂豆等。大力推进良种制（繁）种及基地建设，充分调动农民生产水稻、小麦良种的积极性，稳定水稻、小麦生产种源，扩大良种覆盖面。

（3）扩大先进科技应用。推进统一育插秧、病虫害专业化统防统治、测土配方施肥等适用技术推广，推广应用粮经结合、水旱轮作、农牧结合等高效农作制度和生态种养模式。推进粮食生产领域全程机械化，深化农艺农机融合。组织粮食作物高产创建、示范创建，发挥好示范创建引领作用。

（4）创新规模经营机制。推进粮食生产功能区内连片集中流转土地，培育种粮大户、家庭农场、农民专业合作社（联合社）和社会化服务组织等新型主体，发展多种形式的粮食适度规模经营、全程机械化作业和社会化服务。实行储备粮生产订单计划，开展省际、产销区间、产粮用粮主体间合作，构建粮食全产业链，形成粮食开放合作新格局。

2. 畜牧业

畜牧业发展事关食品有效供给、农业生态循环、农民持续增收。要按照生态优先、供给安全、结构优化、强牧富民的思路，稳定生猪生产，优化南方水网地区生猪养殖布局，引导产能向环境容量大的地方和玉米主产区转移，大力发展牛、羊等草食畜牧业。全面振兴奶业，引导扩大生鲜乳消费。大力推进畜牧业规模化、生态化、标准化、特色化和产业化发展，走出一条产出高效、产品安全、资源节约、环境友好的现代畜牧业发展之路。

（1）用生态循环改造。依据资源禀赋和发展基础，完善产业布局和特色精品发展规划，加快推进农牧结合生态循环养殖。改造提升现有畜禽规模养殖场，提高畜禽排泄物资源化利用水平。对区域内畜产品产量、有机肥需求量、农村环境质量进行综合平衡，实现畜牧业与农业农村协调发展。

（2）用规模经营提升。深入推进畜牧业标准化建设，提升规模化和特色化发展水平。通过机制创新和产业融合，建设一批区域优势突出、地方特色鲜明、集聚规模显著、标准化生产程度高、品牌经营强的特色精品产业。培育带动力、竞争力强的龙头主体和产销联合、利益共享的合作组织。

（3）用科技创新支撑。引导研发畜牧业清洁化生产、排泄物资源化综合利用和重大动物疫病综合防控等新技术、新装备，培育畜禽新品种，研发新兽药、新饲料和饲料添加剂，加大先进适用技术示范推广力度。建成畜牧兽医主体地理信息系统，健全动物标识及动物产品追溯系统，提升畜牧兽医系统行业管理、监督执法和服务主体信息化水平。

（4）用监管服务保障。完善动物防疫基础设施，充实基层监管力量，加强关键环节监管。探索建立政府补助、企业运行、保险联动的病死畜禽无害化处理新机制，探索其他畜禽的保险联动机制，确保不发生区域性重大动物疫病、重大畜产品安全事故和流域性漂浮死猪事件。

3. 渔业

渔业是水网地带乡村产业的重要组成部分。按照养殖业提质增效、捕捞业（国内）压减产能、远洋渔业拓展、一二三产业融合发展的方针，引领渔业转型升级。内陆地区大力推广循环水养殖（“跑道养鱼”）等节能减排、节地节水、环境友好型养殖模式；沿海地区发展浅海贝藻、鱼贝藻间养和全浮流紫菜养殖等碳汇渔业和深海网箱（围网）建设。实施鱼塘生态化改造、大水面增殖放流、稻鱼共生轮作减排等措施，划定水产养殖禁限养区，严厉整治乱用药、施肥养鱼、尾水直排等行为，降低养殖生产对水环境的负面影响。以渔业油价补助政策调整为契机，用市场化手段赎买渔船和功率指标，着力压减国内海洋捕捞产能，逐步实现海洋捕捞强度与渔业资源再生能力相协调。规范发展远洋渔业，积极稳妥库存鱿鱼等大宗远洋产品，持续增强远洋渔业市场竞争力和发展后劲。

4. 优势特色产业

地方特色优势农产品具有显著的地域性，在乡村产业振兴中具有独特作用。要充分利用地域、品种、资源和文化优势，大力发展特色农业，把地方土特产和小品种做成带动农民增收的大产业。优化农业区域布局，以主体功能区规划和优势农产品布局规划为依托，科学划定蔬菜瓜果、茶叶蚕桑、花卉苗木、食用菌、中药材和特色养殖等产业重点发展地区，并与现代农业产业园、科技园、创业园紧密结合。开展特色农产品标准化生产示范，建设一批地理标志农产品和原产地保护基地。积极发展木本粮油林等特色经济林、珍贵树种用材林、花卉竹藤、森林食品等绿色产业。科学制定特色农产品优势区建设规划，建立评价标准和技术支撑体系，推动各地争创园艺产品、畜产品、水产品、林特产品等特色农产品优势区。

二、稳步发展乡村工业

推动农业现代化和加快乡村工业化是城乡关系协调发展的基

本条件，两者相辅相成、互促互进。乡村工业发展要突出农业工业化方向、农民参与性导向、农村适应性取向，按照集群化、园区化、特色化、绿色化要求，优化结构布局，增强乡村工业对乡村产业的引领和支撑作用。

1. 农产品加工业

农产品加工业连接工农、沟通城乡，行业覆盖面宽、产业关联度高、带动农民就业增收作用强。要适应市场需求变化和产业升级趋势，推动农产品加工业从数量增长向质量提升、要素驱动向创新驱动、分散布局向集群发展转变，促进农产品加工业持续稳定健康发展。

（1）合理布局。根据全国农业现代化规划和优势特色农产品产业带、粮食生产功能区、重要农产品生产保护区分布，合理布局原料基地和农产品加工业。在大宗农产品主产区重点发展粮棉油糖加工特别是玉米加工，建设优质专用原料基地和便捷智能的仓储物流体系。在特色农产品优势区重点发展“菜篮子”产品等加工，推动销售物流平台、产业集聚带和综合利用园区建设。在大中城市郊区重点发展主食、方便食品、休闲食品和净菜加工，形成产业园区和集聚带。以县为单元建设加工基地，以村（乡）为单元建设原料基地。

（2）因地制宜、初精结合。围绕农产品产后减损增收，建设商品化处理全产业链，重点改善农产品产后净化、分等分级、烘干、预冷、保鲜、包装等的设施装备条件，以及购置运输、称重、检化验、污水处理等的辅助仪器设备。建设田头收储设施，购置收储及处理设备，提升产后农产品储藏保鲜能力。在大中城市郊区建设一批农产品精深加工示范基地，开发多元产品，打造产业发展集群。推动副产物循环利用、全值利用和梯次利用，提升副产物附加值。

（3）加快发展绿色加工体系。加强国家农产品加工技术研发体系建设，建设一批农产品加工技术集成基地。大力发展绿色加工，引导建立低碳、低耗、循环、高效的绿色加工体系。支持农产品加工园区循环化改造，推进清洁生产和节能减排，引导企业建立绿色工厂，加快应用节水、节粮等高效节能环保技术装备。

2. 饲料工业

饲料工业是联结种养的重要产业，既是种植产品的加工业，又是养殖业的投入品，为现代养殖业提供物质支撑。我国饲料工业经过 30 多年快速发展，迫切要求加快供给侧结构性改革，实现发展动能转换。

（1）优化饲料工业布局。综合考虑养殖业发展趋势、环境资源禀赋、区位优势和现有产业基础等因素，区别加快发展区、稳定发展区、适度发展区，调整优化饲料工业布局，促进不同区域饲料加工业与种养业协调发展。

（2）保障饲料原料供应。稳定蛋白饲料原料供应，适度增加油菜籽等其他品种进口，加强合成氨基酸新品种应用。建设现代饲草料生产体系，推广草料结合的全混合日粮和商品饲料产品。持续推进秸秆饲料化利用，促进农副资源饲料化利用。

（3）发展安全高效环保饲料产品。加快发展新型饲料添加剂，稳定提高营养改良型酶制剂生产水平，加快研发新型酶制剂，加强药食同源类植物功能挖掘，开发饲用多糖和寡糖产品。研发推广安全环保饲料产品，发展能改善动物整体健康水平的新型饲料产品。

3. 农机装备产业

农业机械装备是发展现代农业、推动乡村振兴的重要物质基础。我国是世界第一农机制造和使用大国，农机装备产业发展，要按照“自主创新、加速转化、提升产业、全面发展”的要求，以创新驱动促进产业转型升级为核心，以市场主导和政府引导相结合为手段，着力扩大产业规模，着力提升创新水平。

（1）开发适用产品。适应农业生产规模化、精准化、设施化和全程机械化要求，优化农机产品结构。积极发展适合家庭经营需要的中小型、轻简化农机，形成高中低端产品共同发展格局。按照绿色化发展要求，开发生产高效节能环保、多功能、智能化、资源节约型农业装备产品。

（2）提升制造水平。加大农业装备企业技术改造力度，应用精密成型、智能数控等先进加工装备和柔性制造、敏捷制造等先进制造技术。完善农机产品质量标准体系，实现动力机械与配套农具、主机与配件的标准化、系列化、通用化开发生产。

（3）调整行业结构。完善产业组织结构，提升产业集中度和专业化分工协作水平。中小型企业走“专、精、特、新”发展道路，培育一批零部件加工企业；通过优化重组、兼并，形成整机核心部件均能全程自主生产的龙头企业。

4. 肥料产业

肥料产业存在产能过剩、基础肥料品种发展不平衡、产品同质化严重、绿色有机肥料发展不足等问题。肥料产业发展要为农业绿色发展提供绿色无污染肥料，为农民提供个性化、多样化的套餐增值服务。推行测土配方施肥模式，在了解土壤养分等基本情况的基础上，有针对性地生产氮磷钾配比更科学、更符合土壤养分需求的肥料，同时把环境中蕴藏的养分充分利用起来。通过配方增加微量元素等方法，充分挖掘土壤微生物潜力，更好地发挥营养调控价值。充分利用植物秸秆、动物排泄物等有机质资源，通过物理形态改变、微生物发酵等方式，创新开发有机肥，并生产有机无机复混肥。适应农业专业化和社会化服务发展要求，肥料企业向后延伸服务，发展测土配方施肥、水肥一体化、施肥机械化等精准化便利化服务。

5. 农药产业

现代农药已步入超高效、低用量、无公害的绿色农药时代，新种植形态和生态理念对农药发展及其应用提出更高要求。要根据新的《中华人民共和国农药管理条例》及我国农药行业发展现状，推动农药产业高质量发展。

（1）优化产业布局。加快农药企业向专业化园区集中，降低生产分散度。强化行业监管，健全公平公正行业准入政策，制止低水平重复建设，建立和完善重污染企业退出机制。组建大型农药企业集团，培育有国际竞争力的企业。

（2）深化品种结构调整。支持高效、安全、经济、环境友好的农药新产品发展，推动农用剂型向水基化、无尘化、控制释放等高效、安全的方向提升，发展用于小宗作物的农药、生物农药和用于非农业领域的农药新产品、新制剂。

（3）强化创新驱动。建设农药技术创新体系，加强共性关键技术和技术集成开发。加快成果转化，重点突破“三废”处理关键技术、环保型剂型开发技术、基于农药药物传递系统的环保农药剂型开发共性技术等。

三、发展乡村服务业

乡村服务业是指服务于农业再生产和农村经济社会发展，通过多种经济形式、多种经营方式、多层次多环节发展起来的一大产业，是现代服务业的重要组成部分。要适应乡村产业的兴旺需求和农村居民日益增长的美好生活需要，在加强政府公益性服务的基础上，积极培育经营性服务组织，鼓励种子、农机、农药生产企业延伸服务链，拓展服务内容，规范服务行为，推动乡村服务产业有序、健康、快速发展。

1. 农资配送服务

农资配送服务包括作物与畜禽水产种子种苗、化肥、农药等的配送服务。在种子种苗方面，由服务组织与“育繁推一体化”种业企业合作，在良种研发、展示示范、集中育秧（苗）、标准化供种、用种技术指导等环节向农民和生产者提供全程服务；开发包括种子供求、品种评价、销售网点布局等信息在内的手机客户端，为农民科学选种、正确购种提供服务；开展种子种苗、畜种及水产苗种保存、运输等物流服务。在肥药方面，积极发展兽药、农药和肥料连锁经营、区域性集中配送等供应模式。开展青贮饲草料收贮，推广优质饲草料收集、精准配方和配送服务。特别要重视发挥供销合作社在农资供应和资源配送上的主渠道优势，优化农资配送服务方式。供销合作社可在有条件的农民合作社设立农资供应网点，加强农资物联网建设与应用；与农民专业合作社、农产品行业协会等协作，开办“庄稼医院”，建立智慧农资网络，承担政府向社会力量委托或购买的相关公共服务，提供农资配送等服务。

2. 农技推广服务

农技推广服务涉及农民千家万户对粮食等大宗生产技术、公共性技术的需求，一般由政府农业公共服务机构直接提供或通过购买服务的方式由经营性服务机构提供。在作业内容上，开展深翻、深松、秸秆还田等田间作业，集成推广绿色、高产、高效技术模式。采用测土配方施肥、有机肥替代化肥等减量增效新技术，推进肥料统供统施服务，加快推广喷灌、滴灌、水肥一体化等农业节水技术。推广绿色防控产品、高效低风险农药和高效大中型施药机械，以及低容量喷雾、静电喷雾等先进施药技术，推进病虫害统防统治与全程绿色防控有机融合。动物防疫服务组织、畜禽水产养殖企业、兽药生产企业、动物诊疗机构和相关科研院所等各类主体，提供专业化动物疫病防治服务。促进公益性农技推广机构与经营性服务组织融合发展，基层农技推广机构通过派驻人员、挂职帮扶、共建载体、联合办公等方式，为新型经营主体和服务主体提供全程化、精准化和个性化指导服务。探索农技人员在履行好岗位职责前提下，通过提供增值服务获取合理报酬的新机制。构建农技推广机构、科研教学单位、市场化主体、乡土人才、返乡下乡人员等广泛参与、分工协作的农技推广服务联盟，实现农业技术成果组装集成、试验示范和推广应用的无缝链接。

3. 农机作业服务

推进农机作业服务领域从粮棉油糖作物向特色作物、园艺作物、养殖业生产配套拓展，服务环节从以耕种收为主向专业化植保、秸秆处理、产地烘干等农业生产全过程延伸。加快应用基于北斗系统的作业监测、远程调度、维修诊断等大中型农机物联网技术，农机作业服务主体可利用全国“农机直通车”信息平台，及时掌握需求信息，加强信息交流，提高跨区作业服务效率。积极发展农机具维修服务，有效打造区域农机安全应急救援中心和维修中心，以农机合作社维修和农机企业“三包”服务网点为重点，推动专业维修网点转型升级。在粮食生产功能区、重要农产品保护区、特色农产品优势区，支持农机服务主体以及农村集体经济组织等建立集中育秧、集中烘干、农机具存放等设施，为农户提供一站式服务。

4. 农业生产托管

农业生产托管是农户等经营主体在不流转土地经营权的条件下，将农业生产中的耕、种、防、收等全部或部分作业环节委托给服务组织完成或协助完成的农业经营方式，是多方面服务的综合体，是服务型规模经营的主要形式，具有广泛的适应性和发展潜力。总结推广土地托管、代耕代种、联耕联种、农业共营制等托管形式，把发展农业生产托管作为推进农业生产性服务业、带动普通农户发展适度规模经营的主推服务方式，采取政策扶持、典型引导、项目推动等支持推进措施。

5. 农业废弃物资源化利用服务

鼓励通过政府购买服务的方式，支持专业服务组织收集处理病死畜禽。在养殖密集区推广分散收集、集中处理利用等模式，推动建立畜禽养殖废弃物收集、转化、利用三级服务网络，探索建立畜禽粪污处理和利用受益者付费机制。加快残膜捡拾、加工机械和残膜分离等技术装备研发，积极探索生产者责任延伸制度，由地膜生产企业统一供膜、统一回收。推广秸秆青（黄）贮、秸秆膨化、裹包微贮、压块（颗粒）等饲料化技术，采取政府购买服务、政府与社会资本合作等方式，培育一批秸秆收储运社会化服务组织，发展一批生物质供热供气、颗粒燃料、食用菌等可市场化运行主体，促进秸秆资源循环利用。

6. 农产品流通交易服务

加强产地批发市场建设，培育现代农业物流中心，在巩固提高现有大中型批发市场的基础上，探索绿色农产品直供、连锁配送、定点销售等营销机制，提供农产品预选分级、加工配送、包装仓储、信息服务、标准化交易、电子结算、检验检测等服务。完善农产品物流服务，推进农超对接、农社对接，利用农业展会开展多形式产销衔接。支持有资质的服务组织开展农产品质量安全检验检测，推动检测结果互认，提供准确、快捷的检测服务。基层农产品质量安全监管机构提供追溯服务，指导主体开展主体注册、信息采集、产品赋码、扫码交易、开具食用农产品合格证等业务。以整合开发现有农业信息资源和健全农业信息服务体系为重点，建立延伸至农业龙头企业、农产品批发市场、中介组织和经营大户的信息网络，加强市场购销、价格等信息采集、分析和发布，建立健全市场引导生产、推动农业结构调整的机制。

7. 提升乡村服务业水平

搭建统一高效、互联互通的信息服务平台，加快建设和汇集各类农业重要基础性信息系统，为生产主体提供农产品生产状况、市场供求走势、资源环境变化、动植物疫病防控、产品质量安全以及服务组织资信等信息服务。全面实施信息进村入户工程，支持各类服务组织参与益农信息社建设，共用共享农村各类经营网点资源，为农民和新型经营主体提供公益服务、便民服务、电子商务和培训体验等服务。积极拓展服务领域，为农业农村发展提供基础设施管护、小额资金信贷等服务。

健全乡村服务业标准体系，针对不同行业、不同品种、不同服务环节，制订服务标准和操作规范，加强服务过程监管，引导服务主体严格履行服务合同。建立服务质量和绩效评价机制，有效维护服务主体和服务对象的合法权益。将农业服务领域信用记录纳入全国信用信息共享平台。

着力规范服务行为，大力推行专项服务“约定有合同、内容有标准、过程有记录、人员有培训、质量有保证、产品有监管”模式，提高服务标准化水平。统筹和整合基层农业服务资源，搭建集农资供应、技术指导、动植物疫病防控、土地流转、农机作业、农产品营销等服务于一体的区域性综合服务平台，集成、应用、推广先进适用技术和现代物质装备，不断提升综合服务的集约化水平。

第三节　提升乡村治理能力

乡村治理是国家治理体系的重要组成部分，如何提升其治理水平，既有国家治理共性问题，也有其特殊性。乡村文化中凝结的优秀思想观念、乡村公共空间特有的社会结构特点，蕴含着丰富的乡村治理资源，提升乡村治理能力需要充分利用乡村治理资源优势，总结和提升乡村治理经验，健全自治、法治、德治相结合的乡村治理体系。

一、重视乡村文化建设

乡村文化是中国传统文化的宝库，是乡村德治的重要资源。遵循乡村文化价值，通过弘扬乡村优秀文化实现乡村治理，是提高乡村治理能力的有效措施。

1. 农业文化

农业文化既体现在物质方面，如农具、地方品种、梯田，也体现在发展理念和精神气质方面，如耕作制度、栽培措施、生态理念和乡风民俗等。更多的是物质与精神的结合，如农业景观文化、农产品寓意文化等。农业文化与治理的关系，一方面体现在农业文化中包含了人与环境的关系，体现尊重自然、顺应自然的理念和利用自然的生存智慧；另一方面，农业文化赋予很多农产品以特定的文化内涵和寓意，反映着人们对未来美好生活的期盼和向往。如“平平安安”（苹果）、“万事（柿）如意”、“早（枣）生贵子”、“多子多福”（石榴、佛手）、“健康长寿”（桃）等，这些文化寓意，对人们具有重要的教化价值。

2. 乡村手工艺

乡村手工艺的功能除了创造财富，满足村民生活与精神需求外，还像“文以载道”一样，凝结了村民们敬畏自然、崇尚祖先的淳朴精神信仰与心理诉求，承载着乡村悠久的历史文化、民间习俗及精神信仰。手艺人就地取材，凭借手工劳动，把诸如泥土、石头、麦秸、竹子、柳条、玉米皮等天然材料制作成手工产品，并把产品功能和审美结合起来，满足人们对美的要求。手工艺品所包含的思想、道德、信仰、愿望等内涵以及工匠精神，使其价值超出使用价值而成为实施教化的载体。

3. 生活习俗

习俗作为一个地区居民生活方式的反映，是村民对作为本村成员身份的心理确认。这种祖祖辈辈流传下来的心理认同，是一种向心力和凝聚力，能从人的心理深层唤起对村落利益的关心。生活习俗作为生活中的文化现象，包括生老病死、衣食住行、婚丧嫁娶的习俗，宗教信仰、巫术与禁忌等广泛内容，对人们的价值观、为人处世的原则和行为发生着重要影响。习俗对乡村至少有三大功能：一是维护乡村共同利益，这成为今天村民自治的重要基础；二是组织乡里协同生活，在诸如婚丧大事的协力互助过程中，人们不仅体验到协作与互助观念，还有对礼仪的理解和为人处世方式的熏陶等十分丰富的内容；三是维系村落共同生活秩序，村议事、制定村规民约、制裁和约束不良行为、调解纠纷矛盾，是形成群体意识、获得参与观念、增长议事能力，实现村民自我教育、自我管理的有效途径。因此，传承优秀习俗的社会功能，并通过移风易俗使之发扬光大，是乡村治理的重要途径。

4. 乡村文学艺术

包括富有地方特色的庙会、花会、地方戏、杂耍、游戏、舞蹈、民族体育、故事、传说、民歌、乡土文学等文化类型，也包括贴对联、贴窗花、放鞭炮等民俗活动和节日庆典中的文化娱乐内容。人们常用“喜闻乐见”形容村落文化形式，反映的是村落娱乐文化的乡土性和群体参与性特点。乡村文学艺术最接近老百姓的劳动和生活习惯，像唢呐、快板、评书、对歌等，很多娱乐形式都来源于生活。乡村文艺通过寓教于乐实施教化，或歌颂好人好事，或鞭笞丑事恶俗，文艺节目或故事所传达出的对人的教导、感化意义会延续到村民的日常生活当中，并潜移默化地影响他们的为人处事方式。

乡村文化之所以能够发挥治理作用，是因为在特定文化环境中成长起来的村民具有很深的地方文化认同感，具有一致和稳定的价值观，很多已经内化为人们的行为自觉。在遵循乡村文化特点的基础上实施乡村治理，最容易得到村民的认可和接受。如通过整理优秀家规、家训，利用人们为家族争光的意识，使其在树立良好家风中发挥作用；通过提倡新乡贤文化，鼓励外出的能人返乡创业或为家乡作贡献；通过弘扬德孝文化，使敬老、诚信、互助等传统美德逐渐成为村落文化的主旋律。

不仅如此，村落文化娱乐活动还可以破解如何将党和国家的方针政策有效传递到农户和村民的难题。有些地方把政府的惠农政策、法律知识、国家大事等以村民喜闻乐见的文艺形式表现出来，村民在娱乐的同时理解并接受党和政府的相关政策。此外，乡村文化建设在增强农民的凝聚力，重现乡村生机，进一步实现乡村整合方面具有显著效果。在共同参与的文化活动中村民获得了集体荣誉感，强化了村民对村落的认同感和归属感，有助于恢复乡村的活力。

乡村文化在促进交流信息、密切感情、消除隔阂、化解矛盾等方面都有其独特的发挥作用空间。就是像乡村环境整治这样的工程，也可以从传统乡村文化中汲取智慧，受到启发。如种养结合、循环利用是传统农业文化的精髓，依托乡村作为实现循环利用的节点，乡村的结构、农业生产和生活方式对维系乡村低碳生活和乡村可持续发展意义重大。今天的厕所革命、垃圾分类、污水处理、人畜排泄物的消化等，如果能遵守乡村可持续发展理念，避免呆板的工程思维，不仅节省投入和运营成本，也可以最大限度地实现资源再利用。因此，传统文化蕴含的治理智慧与现代科技的有机结合，是提高乡村治理能力不可忽视的两个方面。

二、强化乡村教化价值

村落是一个天然的教化空间，村落教化是通过特定的村落空间结构、特殊的社会关系和文化结构发挥作用的。

在空间结构方面，乡村是由一个个农户组成的，每个农户不仅空间位置是固定的，而且是开放的。所谓开放，指农户的大事小情邻里之间基本上都清楚，于是形成了特定的邻里关系和熟人社会，并相应产生了多种熟人社会的规则，如邻里互助、诚实守信、社会舆论等。这样的村落形态会产生两个效果：一是每个人都自觉约束自己的行为，二是便于村落内的舆论监督。村落监督现象在传统乡村无处不在，如“街头巷议”作为村落舆论最为常见的形式，对村落成员行为的监督和矫正作用十分显著。

在社会结构方面，乡村具有两个结构特征：一是以血缘为纽带形成的家庭与家族关系。家有家规、族有族规，一个家庭或家族要维系成员的和谐需要有规矩。家规是为维护家族秩序，由家族制定并遗传下来的教育规范后代子孙的行为准则，是治家教子、修身处世的重要准则。把家规凝练成便于传颂和铭记的格言、警句，就成为家训，是对家族对子孙后代立身处世、持家治业的教诲。二是以地缘为基础形成的邻里与同乡关系。由于生产互助、生活互帮、应对突发事件等需要，也因为频繁的互动条件和情感需要，于是形成了与邻为善、守望相助、讲诚信、守信用、远亲不如近邻等文化传统，发挥着引导人向善向上的教化功能，潜移默化地对乡村成员的意识和行为发挥作用。

乡村劳动是实施教化的重要途径。特别是农业生产劳动，是帮助劳动者获得知识和感悟人生的重要途径。一系列优秀品质均可以在农业劳动中获得，如善待大自然，尊重自然规律，理解人与自然的关系；体验劳动的艰辛，锻炼耐力与忍耐力，培养诚实和珍惜劳动成果的品质；培养感恩和祈福的情操以及关爱生命等品质；在劳动过程中养成协作与互助的品质等。

提高乡村的治理能力，要在党组织的领导下，充分利用乡村的自治与德治资源，形成有效化解乡村矛盾和问题的机制。要利用乡村教化价值，充分发挥农民的主体作用，做到民事民议、民事民办、民事民管。利用乡村熟人社会的教化机制，从最小单元、最小细胞抓起，完善重心下移、力量下沉的工作机制，实现“小事不出村，大事不出镇，矛盾不上交”的治理效果，把矛盾化解在基层。深入挖掘乡村文化中蕴含的优秀思想观念、人文精神、道德规范，不断赋予时代内涵、丰富表现形式，充分发挥其在凝聚人心、教化群众、淳化民风中的重要作用。

参考文献

孙景淼，2018. 乡村振兴战略［M］. 杭州：浙江人民出版社.

王曙光，2020. 农村集体经济发展与乡村振兴［M］. 北京：企业管理出版社.

吴维海，2018. 新时代乡村振兴战略规划与案例［M］. 北京：中国金融出版社.

张晓山，2010. 中国农村改革与发展概论［M］. 北京：中国社会科学出版社.

张勇，2019.《乡村振兴战略规划（2018—2022 年）》辅导读本［M］. 北京：中国计划出版社.

中央农村工作领导小组办公室，中华人民共和国农业农村部，2020. 中国农业农村发展报告 2019（中文版）［M］. 北京：中国农业出版社.

宗锦耀，2017. 农村一二三产业融合发展理论与实践［M］. 北京：中国农业出版社.

附录　乡村振兴战略规划（2018—2022年）

前　言

党的十九大提出实施乡村振兴战略，是以习近平同志为核心的党中央着眼党和国家事业全局，深刻把握现代化建设规律和城乡关系变化特征，顺应亿万农民对美好生活的向往，对“三农”工作作出的重大决策部署，是决胜全面建成小康社会、全面建设社会主义现代化国家的重大历史任务，是新时代做好“三农”工作的总抓手。从党的十九大到二十大，是“两个一百年”奋斗目标的历史交汇期，既要全面建成小康社会、实现第一个百年奋斗目标，又要乘势而上开启全面建设社会主义现代化国家新征程，向第二个百年奋斗目标进军。为贯彻落实党的十九大、中央经济工作会议、中央农村工作会议精神和政府工作报告要求，描绘好战略蓝图，强化规划引领，科学有序推动乡村产业、人才、文化、生态和组织振兴，根据《中共中央、国务院关于实施乡村振兴战略的意见》，特编制《乡村振兴战略规划（2018—2022年）》。

本规划以习近平总书记关于“三农”工作的重要论述为指导，按照产业兴旺、生态宜居、乡风文明、治理有效、生活富裕的总要求，对实施乡村振兴战略作出阶段性谋划，分别明确至2020年全面建成小康社会和2022年召开党的二十大时的目标任务，细化实化工作重点和政策措施，部署重大工程、重大计划、重大行动，确保乡村振兴战略落实落地，是指导各地区各部门分类有序推进乡村振兴的重要依据。

第一篇　规划背景

党的十九大作出中国特色社会主义进入新时代的科学论断，提出实施乡村振兴战略的重大历史任务，在我国“三农”发展进程中具有划时代的里程碑意义，必须深入贯彻习近平新时代中国特色社会主义思想和党的十九大精神，在认真总结农业农村发展历史性成就和历史性变革的基础上，准确研判经济社会发展趋势和乡村演变发展态势，切实抓住历史机遇，增强责任感、使命感、紧迫感，把乡村振兴战略实施好。

第一章　重大意义

乡村是具有自然、社会、经济特征的地域综合体，兼具生产、生活、生态、文化等多重功能，与城镇互促互进、共生共存，共同构成人类活动的主要空间。乡村兴则国家兴，乡村衰则国家衰。我国人民日益增长的美好生活需要和不平衡不充分的发展之间的矛盾在乡村最为突出，我国仍处于并将长期处于社会主义初级阶段的特征很大程度上表现在乡村。全面建成小康社会和全面建设社会主义现代化强国，最艰巨最繁重的任务在农村，最广泛最深厚的基础在农村，最大的潜力和后劲也在农村。实施乡村振兴战略，是解决新时代我国社会主要矛盾、实现“两个一百年”奋斗目标和中华民族伟大复兴中国梦的必然要求，具有重大现实意义和深远历史意义。

实施乡村振兴战略是建设现代化经济体系的重要基础。农业是国民经济的基础，农村经济是现代化经济体系的重要组成部分。乡村振兴，产业兴旺是重点。实施乡村振兴战略，深化农业供给侧结构性改革，构建现代农业产业体系、生产体系、经营体系，实现农村一二三产业深度融合发展，有利于推动农业从增产导向转向提质导向，增强我国农业创新力和竞争力，为建设现代化经济体系奠定坚实基础。

实施乡村振兴战略是建设美丽中国的关键举措。农业是生态产品的重要供给者，乡村是生态涵养的主体区，生态是乡村最大的发展优势。乡村振兴，生态宜居是关键。实施乡村振兴战略，统筹山水林田湖草系统治理，加快推行乡村绿色发展方式，加强农村人居环境整治，有利于构建人与自然和谐共生的乡村发展新格局，实现百姓富、生态美的统一。

实施乡村振兴战略是传承中华优秀传统文化的有效途径。中华文明根植于农耕文化，乡村是中华文明的基本载体。乡村振兴，乡风文明是保障。实施乡村振兴战略，深入挖掘农耕文化蕴含的优秀思想观念、人文精神、道德规范，结合时代要求在保护传承的基础上创造性转化、创新性发展，有利于在新时代焕发出乡风文明的新气象，进一步丰富和传承中华优秀传统文化。

实施乡村振兴战略是健全现代社会治理格局的固本之策。社会治理的基础在基层，薄弱环节在乡村。乡村振兴，治理有效是基础。实施乡村振兴战略，加强农村基层基础工作，健全乡村治理体系，确保广大农民安居乐业、农村社会安定有序，有利于打造共建共治共享的现代社会治理格局，推进国家治理体系和治理能力现代化。

实施乡村振兴战略是实现全体人民共同富裕的必然选择。农业强不强、农村美不美、农民富不富，关乎亿万农民的获得感、幸福感、安全感，关乎全面建成小康社会全局。乡村振兴，生活富裕是根本。实施乡村振兴战略，不断拓宽农民增收渠道，全面改善农村生产生活条件，促进社会公平正义，有利于增进农民福祉，让亿万农民走上共同富裕的道路，汇聚起建设社会主义现代化强国的磅礴力量。

第二章　振兴基础

党的十八大以来，面对我国经济发展进入新常态带来的深刻变化，以习近平同志为核心的党中央推动“三农”工作理论创新、实践创新、制度创新，坚持把解决好“三农”问题作为全党工作重中之重，切实把农业农村优先发展落到实处；坚持立足国内保证自给的方针，牢牢把握国家粮食安全主动权；坚持不断深化农村改革，激发农村发展新活力；坚持把推进农业供给侧结构性改革作为主线，加快提高农业供给质量；坚持绿色生态导向，推动农业农村可持续发展；坚持在发展中保障和改善民生，让广大农民有更多获得感；坚持遵循乡村发展规律，扎实推进生态宜居的美丽乡村建设；坚持加强和改善党对农村工作的领导，为“三农”发展提供坚强政治保障。这些重大举措和开创性工作，推动农业农村发展取得历史性成就、发生历史性变革，为党和国家事业全面开创新局面提供了有力支撑。

农业供给侧结构性改革取得新进展，农业综合生产能力明显增强，全国粮食总产量连续 5 年保持在 1.2 万亿斤以上，农业结构不断优化，农村新产业新业态新模式蓬勃发展，农业生态环境恶化问题得到初步遏制，农业生产经营方式发生重大变化。农村改革取得新突破，农村土地制度、农村集体产权制度改革稳步推进，重要农产品收储制度改革取得实质性成效，农村创新创业和投资兴业蔚然成风，农村发展新动能加快成长。城乡发展一体化迈出新步伐，5 年间 8 000多万农业转移人口成为城镇居民，城乡居民收入相对差距缩小，农村消费持续增长，农民收入和生活水平明显提高。脱贫攻坚开创新局面，贫困地区农民收入增速持续快于全国平均水平，集中连片特困地区内生发展动力明显增强，过去5年累计6 800多万贫困人口脱贫。农村公共服务和社会事业达到新水平，农村基础设施建设不断加强，人居环境整治加快推进，教育、医疗卫生、文化等社会事业快速发展，农村社会焕发新气象。

同时，应当清醒地看到，当前我国农业农村基础差、底子薄、发展滞后的状况尚未根本改变，经济社会发展中最明显的短板仍然在“三农”，现代化建设中最薄弱的环节仍然是农业农村。主要表现在：农产品阶段性供过于求和供给不足并存，农村一二三产业融合发展深度不够，农业供给质量和效益亟待提高；农民适应生产力发展和市场竞争的能力不足，农村人才匮乏；农村基础设施建设仍然滞后，农村环境和生态问题比较突出，乡村发展整体水平亟待提升；农村民生领域欠账较多，城乡基本公共服务和收入水平差距仍然较大，脱贫攻坚任务依然艰巨；国家支农体系相对薄弱，农村金融改革任务繁重，城乡之间要素合理流动机制亟待健全；农村基层基础工作存在薄弱环节，乡村治理体系和治理能力亟待强化。

第三章　发展态势

从2018年到2022年，是实施乡村振兴战略的第一个5年，既有难得机遇，又面临严峻挑战。从国际环境看，全球经济复苏态势有望延续，我国统筹利用国内国际两个市场两种资源的空间将进一步拓展，同时国际农产品贸易不稳定性不确定性仍然突出，提高我国农业竞争力、妥善应对国际市场风险任务紧迫。特别是我国作为人口大国，粮食及重要农产品需求仍将刚性增长，保障国家粮食安全始终是头等大事。从国内形势看，随着我国经济由高速增长阶段转向高质量发展阶段，以及工业化、城镇化、信息化深入推进，乡村发展将处于大变革、大转型的关键时期。居民消费结构加快升级，中高端、多元化、个性化消费需求将快速增长，加快推进农业由增产导向转向提质导向是必然要求。我国城镇化进入快速发展与质量提升的新阶段，城市辐射带动农村的能力进一步增强，但大量农民仍然生活在农村的国情不会改变，迫切需要重塑城乡关系。我国乡村差异显著，多样性分化的趋势仍将延续，乡村的独特价值和多元功能将进一步得到发掘和拓展，同时应对好村庄空心化和农村老龄化、延续乡村文化血脉、完善乡村治理体系的任务艰巨。

实施乡村振兴战略具备较好条件。有习近平总书记把舵定向，有党中央、国务院的高度重视、坚强领导、科学决策，实施乡村振兴战略写入党章，成为全党的共同意志，乡村振兴具有根本政治保障。社会主义制度能够集中力量办大事，强农惠农富农政策力度不断加大，农村土地集体所有制和双层经营体制不断完善，乡村振兴具有坚强制度保障。优秀农耕文明源远流长，寻根溯源的人文情怀和国人的乡村情结历久弥深，现代城市文明导入融汇，乡村振兴具有深厚文化土壤。国家经济实力和综合国力日益增强，对农业农村支持力度不断加大，农村生产生活条件加快改善，农民收入持续增长，乡村振兴具有雄厚物质基础。农业现代化和社会主义新农村建设取得历史性成就，各地积累了丰富的成功经验和做法，乡村振兴具有扎实工作基础。

实施乡村振兴战略，是党对“三农”工作一系列方针政策的继承和发展，是亿万农民的殷切期盼。必须抓住机遇，迎接挑战，发挥优势，顺势而为，努力开创农业农村发展新局面，推动农业全面升级、农村全面进步、农民全面发展，谱写新时代乡村全面振兴新篇章。

第二篇　总体要求

按照到2020年实现全面建成小康社会和分两个阶段实现第二个百年奋斗目标的战略部署，2018—2022年这5年间，既要在农村实现全面小康，又要为基本实现农业农村现代化开好局、起好步、打好基础。

第四章　指导思想和基本原则

第一节　指导思想

深入贯彻习近平新时代中国特色社会主义思想，深入贯彻党的十九大和十九届二中、三中全会精神，加强党对“三农”工作的全面领导，坚持稳中求进工作总基调，牢固树立新发展理念，落实高质量发展要求，紧紧围绕统筹推进“五位一体”总体布局和协调推进“四个全面”战略布局，坚持把解决好“三农”问题作为全党工作重中之重，坚持农业农村优先发展，按照产业兴旺、生态宜居、乡风文明、治理有效、生活富裕的总要求，建立健全城乡融合发展体制机制和政策体系，统筹推进农村经济建设、政治建设、文化建设、社会建设、生态文明建设和党的建设，加快推进乡村治理体系和治理能力现代化，加快推进农业农村现代化，走中国特色社会主义乡村振兴道路，让农业成为有奔头的产业，让农民成为有吸引力的职业，让农村成为安居乐业的美丽家园。

第二节　基本原则

——坚持党管农村工作。毫不动摇地坚持和加强党对农村工作的领导，健全党管农村工作方面的领导体制机制和党内法规，确保党在农村工作中始终总揽全局、协调各方，为乡村振兴提供坚强有力的政治保障。

——坚持农业农村优先发展。把实现乡村振兴作为全党的共同意志、共同行动，做到认识统一、步调一致，在干部配备上优先考虑，在要素配置上优先满足，在资金投入上优先保障，在公共服务上优先安排，加快补齐农业农村短板。

——坚持农民主体地位。充分尊重农民意愿，切实发挥农民在乡村振兴中的主体作用，调动亿万农民的积极性、主动性、创造性，把维护农民群众根本利益、促进农民共同富裕作为出发点和落脚点，促进农民持续增收，不断提升农民的获得感、幸福感、安全感。

——坚持乡村全面振兴。准确把握乡村振兴的科学内涵，挖掘乡村多种功能和价值，统筹谋划农村经济建设、政治建设、文化建设、社会建设、生态文明建设和党的建设，注重协同性、关联性，整体部署，协调推进。

——坚持城乡融合发展。坚决破除体制机制弊端，使市场在资源配置中起决定性作用，更好发挥政府作用，推动城乡要素自由流动、平等交换，推动新型工业化、信息化、城镇化、农业现代化同步发展，加快形成工农互促、城乡互补、全面融合、共同繁荣的新型工农城乡关系。

——坚持人与自然和谐共生。牢固树立和践行绿水青山就是金山银山的理念，落实节约优先、保护优先、自然恢复为主的方针，统筹山水林田湖草系统治理，严守生态保护红线，以绿色发展引领乡村振兴。

——坚持改革创新、激发活力。不断深化农村改革，扩大农业对外开放，激活主体、激活要素、激活市场，调动各方力量投身乡村振兴。以科技创新引领和支撑乡村振兴，以人才汇聚推动和保障乡村振兴，增强农业农村自我发展动力。

——坚持因地制宜、循序渐进。科学把握乡村的差异性和发展走势分化特征，做好顶层设计，注重规划先行、因势利导，分类施策、突出重点，体现特色、丰富多彩。既尽力而为，又量力而行，不搞层层加码，不搞一刀切，不搞形式主义和形象工程，久久为功，扎实推进。

第五章　发展目标

到 2020 年，乡村振兴的制度框架和政策体系基本形成，各地区各部门乡村振兴的思路举措得以确立，全面建成小康社会的目标如期实现。到 2022 年，乡村振兴的制度框架和政策体系初步健全。国家粮食安全保障水平进一步提高，现代农业体系初步构建，农业绿色发展全面推进；农村一二三产业融合发展格局初步形成，乡村产业加快发展，农民收入水平进一步提高，脱贫攻坚成果得到进一步巩固；农村基础设施条件持续改善，城乡统一的社会保障制度体系基本建立；农村人居环境显著改善，生态宜居的美丽乡村建设扎实推进；城乡融合发展体制机制初步建立，农村基本公共服务水平进一步提升；乡村优秀传统文化得以传承和发展，农民精神文化生活需求基本得到满足；以党组织为核心的农村基层组织建设明显加强，乡村治理能力进一步提升，现代乡村治理体系初步构建。探索形成一批各具特色的乡村振兴模式和经验，乡村振兴取得阶段性成果。

第六章　远景谋划

到 2035 年，乡村振兴取得决定性进展，农业农村现代化基本实现。农业结构得到根本性改善，农民就业质量显著提高，相对贫困进一步缓解，共同富裕迈出坚实步伐；城乡基本公共服务均等化基本实现，城乡融合发展体制机制更加完善；乡风文明达到新高度，乡村治理体系更加完善；农村生态环境根本好转，生态宜居的美丽乡村基本实现。

到 2050 年，乡村全面振兴，农业强、农村美、农民富全面实现。

第三篇　构建乡村振兴新格局

坚持乡村振兴和新型城镇化双轮驱动，统筹城乡国土空间开发格局，优化乡村生产生活生态空间，分类推进乡村振兴，打造各具特色的现代版“富春山居图”。

第七章　统筹城乡发展空间

按照主体功能定位，对国土空间的开发、保护和整治进行全面安排和总体布局，推进“多规合一”，加快形成城乡融合发展的空间格局。

第一节　强化空间用途管制

强化国土空间规划对各专项规划的指导约束作用，统筹自然资源开发利用、保护和修复，按照不同主体功能定位和陆海统筹原则，开展资源环境承载能力和国土空间开发适宜性评价，科学划定生态、农业、城镇等空间和生态保护红线、永久基本农田、城镇开发边界及海洋生物资源保护线、围填海控制线等主要控制线，推动主体功能区战略格局在市县层面精准落地，健全不同主体功能区差异化协同发展长效机制，实现山水林田湖草整体保护、系统修复、综合治理。

第二节　完善城乡布局结构

以城市群为主体构建大中小城市和小城镇协调发展的城镇格局，增强城镇地区对乡村的带动能力。加快发展中小城市，完善县城综合服务功能，推动农业转移人口就地就近城镇化。因地制宜发展特色鲜明、产城融合、充满魅力的特色小镇和小城镇，加强以乡镇政府驻地为中心的农民生活圈建设，以镇带村、以村促镇，推动镇村联动发展。建设生态宜居的美丽乡村，发挥多重功能，提供优质产品，传承乡村文化，留住乡愁记忆，满足人民日益增长的美好生活需要。

第三节　推进城乡统一规划

通盘考虑城镇和乡村发展，统筹谋划产业发展、基础设施、公共服务、资源能源、生态环境保护等主要布局，形成田园乡村与现代城镇各具特色、交相辉映的城乡发展形态。强化县域空间规划和各类专项规划引导约束作用，科学安排县域乡村布局、资源利用、设施配置和村庄整治，推动村庄规划管理全覆盖。综合考虑村庄演变规律、集聚特点和现状分布，结合农民生产生活半径，合理确定县域村庄布局和规模，避免随意撤并村庄搞大社区、违背农民意愿大拆大建。加强乡村风貌整体管控，注重农房单体个性设计，建设立足乡土社会、富有地域特色、承载田园乡愁、体现现代文明的升级版乡村，避免千村一面，防止乡村景观城市化。

第八章　优化乡村发展布局

坚持人口资源环境相均衡、经济社会生态效益相统一，打造集约高效生产空间，营造宜居适度生活空间，保护山清水秀生态空间，延续人和自然有机融合的乡村空间关系。

第一节　统筹利用生产空间

乡村生产空间是以提供农产品为主体功能的国土空间，兼具生态功能。围绕保障国家粮食安全和重要农产品供给，充分发挥各地比较优势，重点建设以“七区二十三带”为主体的农产品主产区。落实农业功能区制度，科学合理划定粮食生产功能区、重要农产品生产保护区和特色农产品优势区，合理划定养殖业适养、限养、禁养区域，严格保护农业生产空间。适应农村现代产业发展需要，科学划分乡村经济发展片区，统筹推进农业产业园、科技园、创业园等各类园区建设。

第二节　合理布局生活空间

乡村生活空间是以农村居民点为主体、为农民提供生产生活服务的国土空间。坚持节约集约用地，遵循乡村传统肌理和格局，划定空间管控边界，明确用地规模和管控要求，确定基础设施用地位置、规模和建设标准，合理配置公共服务设施，引导生活空间尺度适宜、布局协调、功能齐全。充分维护原生态村居风貌，保留乡村景观特色，保护自然和人文环境，注重融入时代感、现代性，强化空间利用的人性化、多样化，着力构建便捷的生活圈、完善的服务圈、繁荣的商业圈，让乡村居民过上更舒适的生活。

第三节　严格保护生态空间

乡村生态空间是具有自然属性、以提供生态产品或生态服务为主体功能的国土空间。加快构建以“两屏三带”为骨架的国家生态安全屏障，全面加强国家重点生态功能区保护，建立以国家公园为主体的自然保护地体系。树立山水林田湖草是一个生命共同体的理念，加强对自然生态空间的整体保护，修复和改善乡村生态环境，提升生态功能和服务价值。全面实施产业准入负面清单制度，推动各地因地制宜制定禁止和限制发展产业目录，明确产业发展方向和开发强度，强化准入管理和底线约束。

第九章　分类推进乡村发展

顺应村庄发展规律和演变趋势，根据不同村庄的发展现状、区位条件、资源禀赋等，按照集聚提升、融入城镇、特色保护、搬迁撤并的思路，分类推进乡村振兴，不搞一刀切。

第一节　集聚提升类村庄

现有规模较大的中心村和其他仍将存续的一般村庄，占乡村类型的大多数，是乡村振兴的重点。科学确定村庄发展方向，在原有规模基础上有序推进改造提升，激活产业、优化环境、提振人气、增添活力，保护保留乡村风貌，建设宜居宜业的美丽村庄。鼓励发挥自身比较优势，强化主导产业支撑，支持农业、工贸、休闲服务等专业化村庄发展。加强海岛村庄、国有农场及林场规划建设，改善生产生活条件。

第二节　城郊融合类村庄

城市近郊区以及县城城关镇所在地的村庄，具备成为城市后花园的优势，也具有向城市转型的条件。综合考虑工业化、城镇化和村庄自身发展需要，加快城乡产业融合发展、基础设施互联互通、公共服务共建共享，在形态上保留乡村风貌，在治理上体现城市水平，逐步强化服务城市发展、承接城市功能外溢、满足城市消费需求能力，为城乡融合发展提供实践经验。

第三节　特色保护类村庄

历史文化名村、传统村落、少数民族特色村寨、特色景观旅游名村等自然历史文化特色资源丰富的村庄，是彰显和传承中华优秀传统文化的重要载体。统筹保护、利用与发展的关系，努力保持村庄的完整性、真实性和延续性。切实保护村庄的传统选址、格局、风貌以及自然和田园景观等整体空间形态与环境，全面保护文物古迹、历史建筑、传统民居等传统建筑。尊重原住居民生活形态和传统习惯，加快改善村庄基础设施和公共环境，合理利用村庄特色资源，发展乡村旅游和特色产业，形成特色资源保护与村庄发展的良性互促机制。

第四节　搬迁撤并类村庄

对位于生存条件恶劣、生态环境脆弱、自然灾害频发等地区的村庄，因重大项目建设需要搬迁的村庄，以及人口流失特别严重的村庄，可通过易地扶贫搬迁、生态宜居搬迁、农村集聚发展搬迁等方式，实施村庄搬迁撤并，统筹解决村民生计、生态保护等问题。拟搬迁撤并的村庄，严格限制新建、扩建活动，统筹考虑拟迁入或新建村庄的基础设施和公共服务设施建设。坚持村庄搬迁撤并与新型城镇化、农业现代化相结合，依托适宜区域进行安置，避免新建孤立的村落式移民社区。搬迁撤并后的村庄原址，因地制宜复垦或还绿，增加乡村生产生态空间。农村居民点迁建和村庄撤并，必须尊重农民意愿并经村民会议同意，不得强制农民搬迁和集中上楼。

第十章　坚决打好精准脱贫攻坚战

把打好精准脱贫攻坚战作为实施乡村振兴战略的优先任务，推动脱贫攻坚与乡村振兴有机结合相互促进，确保到 2020 年我国现行标准下农村贫困人口实现脱贫，贫困县全部摘帽，解决区域性整体贫困。

第一节　深入实施精准扶贫精准脱贫

健全精准扶贫精准脱贫工作机制，夯实精准扶贫精准脱贫基础性工作。因地制宜、因户施策，探索多渠道、多样化的精准扶贫精准脱贫路径，提高扶贫措施针对性和有效性。做好东西部扶贫协作和对口支援工作，着力推动县与县精准对接，推进东部产业向西部梯度转移，加大产业扶贫工作力度。加强和改进定点扶贫工作，健全驻村帮扶机制，落实扶贫责任。加大金融扶贫力度。健全社会力量参与机制，引导激励社会各界更加关注、支持和参与脱贫攻坚。

第二节　重点攻克深度贫困

实施深度贫困地区脱贫攻坚行动方案。以解决突出制约问题为重点，以重大扶贫工程和到村到户到人帮扶为抓手，加大政策倾斜和扶贫资金整合力度，着力改善深度贫困地区发展条件，增强贫困农户发展能力。推动新增脱贫攻坚资金、新增脱贫攻坚项目、新增脱贫攻坚举措主要用于“三区三州”等深度贫困地区。推进贫困村基础设施和公共服务设施建设，培育壮大集体经济，确保深度贫困地区和贫困群众同全国人民一道进入全面小康社会。

第三节　巩固脱贫攻坚成果

加快建立健全缓解相对贫困的政策体系和工作机制，持续改善欠发达地区和其他地区相对贫困人口的发展条件，完善公共服务体系，增强脱贫地区“造血”功能。结合实施乡村振兴战略，压茬推进实施生态宜居搬迁等工程，巩固易地扶贫搬迁成果。注重扶志扶智，引导贫困群众克服“等靠要”思想，逐步消除精神贫困。建立正向激励机制，将帮扶政策措施与贫困群众参与挂钩，培育提升贫困群众发展生产和务工经商的基本能力。加强宣传引导，讲好中国减贫故事。认真总结脱贫攻坚经验，研究建立促进群众稳定脱贫和防范返贫的长效机制，探索统筹解决城乡贫困的政策措施，确保贫困群众稳定脱贫。

第四篇　加快农业现代化步伐

坚持质量兴农、品牌强农，深化农业供给侧结构性改革，构建现代农业产业体系、生产体系、经营体系，推动农业发展质量变革、效率变革、动力变革，持续提高农业创新力、竞争力和全要素生产率。

第十一章　夯实农业生产能力基础

深入实施藏粮于地、藏粮于技战略，提高农业综合生产能力，保障国家粮食安全和重要农产品有效供给，把中国人的饭碗牢牢端在自己手中。

第一节　健全粮食安全保障机制

坚持以我为主、立足国内、确保产能、适度进口、科技支撑的国家粮食安全战略，建立全方位的粮食安全保障机制。按照“确保谷物基本自给、口粮绝对安全”的要求，持续巩固和提升粮食生产能力。深化中央储备粮管理体制改革，科学确定储备规模，强化中央储备粮监督管理，推进中央、地方两级储备协同运作。鼓励加工流通企业、新型经营主体开展自主储粮和经营。全面落实粮食安全省长责任制，完善监督考核机制。强化粮食质量安全保障。加快完善粮食现代物流体系，构建安全高效、一体化运作的粮食物流网络。

第二节　加强耕地保护和建设

严守耕地红线，全面落实永久基本农田特殊保护制度，完成永久基本农田控制线划定工作，确保到 2020 年永久基本农田保护面积不低于 15. 46 亿亩。大规模推进高标准农田建设，确保到 2022 年建成 10 亿亩高标准农田，所有高标准农田实现统一上图入库，形成完善的管护监督和考核机制。加快将粮食生产功能区和重要农产品生产保护区细化落实到具体地块，实现精准化管理。加强农田水利基础设施建设，实施耕地质量保护和提升行动，到 2022 年农田有效灌溉面积达到 10.4 亿亩，耕地质量平均提升 0.5 个等级（别）以上。

第三节　提升农业装备和信息化水平

推进我国农机装备和农业机械化转型升级，加快高端农机装备和丘陵山区、果菜茶生产、畜禽水产养殖等农机装备的生产研发、推广应用，提升渔业船舶装备水平。促进农机农艺融合，积极推进作物品种、栽培技术和机械装备集成配套，加快主要作物生产全程机械化，提高农机装备智能化水平。加强农业信息化建设，积极推进信息进村入户，鼓励互联网企业建立产销衔接的农业服务平台，加强农业信息监测预警和发布，提高农业综合信息服务水平。大力发展数字农业，实施智慧农业工程和“互联网+”现代农业行动，鼓励对农业生产进行数字化改造，加强农业遥感、物联网应用，提高农业精准化水平。发展智慧气象，提升气象为农服务能力。

第十二章　加快农业转型升级

按照建设现代化经济体系的要求，加快农业结构调整步伐，着力推动农业由增产导向转向提质导向，提高农业供给体系的整体质量和效率，加快实现由农业大国向农业强国转变。

第一节　优化农业生产力布局

以全国主体功能区划确定的农产品主产区为主体，立足各地农业资源禀赋和比较优势，构建优势区域布局和专业化生产格局，打造农业优化发展区和农业现代化先行区。东北地区重点提升粮食生产能力，依托“大粮仓”打造粮肉奶综合供应基地。华北地区着力稳定粮油和蔬菜、畜产品生产保障能力，发展节水型农业。长江中下游地区切实稳定粮油生产能力，优化水网地带生猪养殖布局，大力发展名优水产品生产。华南地区加快发展现代畜禽水产和特色园艺产品，发展具有出口优势的水产品养殖。西北、西南地区和北方农牧交错区加快调整产品结构，限制资源消耗大的产业规模，壮大区域特色产业。青海、西藏等生态脆弱区域坚持保护优先、限制开发，发展高原特色农牧业。

第二节　推进农业结构调整

加快发展粮经饲统筹、种养加一体、农牧渔结合的现代农业，促进农业结构不断优化升级。统筹调整种植业生产结构，稳定水稻、小麦生产，有序调减非优势区籽粒玉米，进一步扩大大豆生产规模，巩固主产区棉油糖胶生产，确保一定的自给水平。大力发展优质饲料牧草，合理利用退耕地、南方草山草坡和冬闲田拓展饲草发展空间。推进畜牧业区域布局调整，合理布局规模化养殖场，大力发展种养结合循环农业，促进养殖废弃物就近资源化利用。优化畜牧业生产结构，大力发展草食畜牧业，做大做强民族奶业。加强渔港经济区建设，推进渔港渔区振兴。合理确定内陆水域养殖规模，发展集约化、工厂化水产养殖和深远海养殖，降低江河湖泊和近海渔业捕捞强度，规范有序发展远洋渔业。

第三节　壮大特色优势产业

以各地资源禀赋和独特的历史文化为基础，有序开发优势特色资源，做大做强优势特色产业。创建特色鲜明、优势集聚、市场竞争力强的特色农产品优势区，支持特色农产品优势区建设标准化生产基地、加工基地、仓储物流基地，完善科技支撑体系、品牌与市场营销体系、质量控制体系，建立利益联结紧密的建设运行机制，形成特色农业产业集群。按照与国际标准接轨的目标，支持建立生产精细化管理与产品品质控制体系，采用国际通行的良好农业规范，塑造现代顶级农产品品牌。实施产业兴村强县行动，培育农业产业强镇，打造一乡一业、一村一品的发展格局。

第四节　保障农产品质量安全

实施食品安全战略，加快完善农产品质量和食品安全标准、监管体系，加快建立农产品质量分级及产地准出、市场准入制度。完善农兽药残留限量标准体系，推进农产品生产投入品使用规范化。建立健全农产品质量安全风险评估、监测预警和应急处置机制。实施动植物保护能力提升工程，实现全国动植物检疫防疫联防联控。完善农产品认证体系和农产品质量安全监管追溯系统，着力提高基层监管能力。落实生产经营者主体责任，强化农产品生产经营者的质量安全意识。建立农资和农产品生产企业信用信息系统，对失信市场主体开展联合惩戒。

第五节　培育提升农业品牌

实施农业品牌提升行动，加快形成以区域公用品牌、企业品牌、大宗农产品品牌、特色农产品品牌为核心的农业品牌格局。推进区域农产品公共品牌建设，擦亮老品牌，塑强新品牌，引入现代要素改造提升传统名优品牌，努力打造一批国际知名的农业品牌和国际品牌展会。做好品牌宣传推介，借助农产品博览会、展销会等渠道，充分利用电商、“互联网+”等新兴手段，加强品牌市场营销。加强农产品商标及地理标志商标的注册和保护，构建我国农产品品牌保护体系，打击各种冒用、滥用公用品牌行为，建立区域公用品牌的授权使用机制以及品牌危机预警、风险规避和紧急事件应对机制。

第六节　构建农业对外开放新格局

建立健全农产品贸易政策体系。实施特色优势农产品出口提升行动，扩大高附加值农产品出口。积极参与全球粮农治理。加强与“一带一路”沿线国家合作，积极支持有条件的农业企业走出去。建立农业对外合作公共信息服务平台和信用评价体系。放宽农业外资准入，促进引资引技引智相结合。

第十三章　建立现代农业经营体系

坚持家庭经营在农业中的基础性地位，构建家庭经营、集体经营、合作经营、企业经营等共同发展的新型农业经营体系，发展多种形式适度规模经营，发展壮大农村集体经济，提高农业的集约化、专业化、组织化、社会化水平，有效带动小农户发展。

第一节　巩固和完善农村基本经营制度

落实农村土地承包关系稳定并长久不变政策，衔接落实好第二轮土地承包到期后再延长 30 年的政策，让农民吃上长效“定心丸”。全面完成土地承包经营权确权登记颁证工作，完善农村承包地“三权分置”制度，在依法保护集体所有权和农户承包权前提下，平等保护土地经营权。建立农村产权交易平台，加强土地经营权流转和规模经营的管理服务。加强农用地用途管制。完善集体林权制度，引导规范有序流转，鼓励发展家庭林场、股份合作林场。发展壮大农垦国有农业经济，培育一批具有国际竞争力的农垦企业集团。

第二节　壮大新型农业经营主体

实施新型农业经营主体培育工程，鼓励通过多种形式开展适度规模经营。培育发展家庭农场，提升农民专业合作社规范化水平，鼓励发展农民专业合作社联合社。不断壮大农林产业化龙头企业，鼓励建立现代企业制度。鼓励工商资本到农村投资适合产业化、规模化经营的农业项目，提供区域性、系统性解决方案，与当地农户形成互惠共赢的产业共同体。加快建立新型经营主体支持政策体系和信用评价体系，落实财政、税收、土地、信贷、保险等支持政策，扩大新型经营主体承担涉农项目规模。

第三节　发展新型农村集体经济

深入推进农村集体产权制度改革，推动资源变资产、资金变股金、农民变股东，发展多种形式的股份合作。完善农民对集体资产股份的占有、收益、有偿退出及抵押、担保、继承等权能和管理办法。研究制定农村集体经济组织法，充实农村集体产权权能。鼓励经济实力强的农村集体组织辐射带动周边村庄共同发展。发挥村党组织对集体经济组织的领导核心作用，防止内部少数人控制和外部资本侵占集体资产。

第四节　促进小农户生产和现代农业发展有机衔接

改善小农户生产设施条件，提高个体农户抵御自然风险能力。发展多样化的联合与合作，提升小农户组织化程度。鼓励新型经营主体与小农户建立契约型、股权型利益联结机制，带动小农户专业化生产，提高小农户自我发展能力。健全农业社会化服务体系，大力培育新型服务主体，加快发展“一站式”农业生产性服务业。加强工商企业租赁农户承包地的用途监管和风险防范，健全资格审查、项目审核、风险保障金制度，维护小农户权益。

第十四章　强化农业科技支撑

深入实施创新驱动发展战略，加快农业科技进步，提高农业科技自主创新水平、成果转化水平，为农业发展拓展新空间、增添新动能，引领支撑农业转型升级和提质增效。

第一节　提升农业科技创新水平

培育符合现代农业发展要求的创新主体，建立健全各类创新主体协调互动和创新要素高效配置的国家农业科技创新体系。强化农业基础研究，实现前瞻性基础研究和原创性重大成果突破。加强种业创新、现代食品、农机装备、农业污染防治、农村环境整治等方面的科研工作。深化农业科技体制改革，改进科研项目评审、人才评价和机构评估工作，建立差别化评价制度。深入实施现代种业提升工程，开展良种重大科研联合攻关，培育具有国际竞争力的种业龙头企业，推动建设种业科技强国。

第二节　打造农业科技创新平台基地

建设国家农业高新技术产业示范区、国家农业科技园区、省级农业科技园区，吸引更多的农业高新技术企业到科技园区落户，培育国际领先的农业高新技术企业，形成具有国际竞争力的农业高新技术产业。新建一批科技创新联盟，支持农业高新技术企业建立高水平研发机构。利用现有资源建设农业领域国家技术创新中心，加强重大共性关键技术和产品研发与应用示范。建设农业科技资源开放共享与服务平台，充分发挥重要公共科技资源优势，推动面向科技界开放共享，整合和完善科技资源共享服务平台。

第三节　加快农业科技成果转化应用

鼓励高校、科研院所建立一批专业化的技术转移机构和面向企业的技术服务网络，通过研发合作、技术转让、技术许可、作价投资等多种形式，实现科技成果市场价值。健全省市县三级科技成果转化工作网络，支持地方大力发展技术交易市场。面向绿色兴农重大需求，加大绿色技术供给，加强集成应用和示范推广。健全基层农业技术推广体系，创新公益性农技推广服务方式，支持各类社会力量参与农技推广，全面实施农技推广服务特聘计划，加强农业重大技术协同推广。健全农业科技领域分配政策，落实科研成果转化及农业科技创新激励相关政策。

第十五章　完善农业支持保护制度

以提升农业质量效益和竞争力为目标，强化绿色生态导向，创新完善政策工具和手段，加快建立新型农业支持保护政策体系。

第一节 加大支农投入力度

建立健全国家农业投入增长机制，政府固定资产投资继续向农业倾斜，优化投入结构，实施一批打基础、管长远、影响全局的重大工程，加快改变农业基础设施薄弱状况。建立以绿色生态为导向的农业补贴制度，提高农业补贴政策的指向性和精准性。落实和完善对农民直接补贴制度。完善粮食主产区利益补偿机制。继续支持粮改饲、粮豆轮作和畜禽水产标准化健康养殖，改革完善渔业油价补贴政策。完善农机购置补贴政策，鼓励对绿色农业发展机具、高性能机具以及保证粮食等主要农产品生产机具实行敞开补贴。

第二节 深化重要农产品收储制度改革

深化玉米收储制度改革，完善市场化收购加补贴机制。合理制定大豆补贴政策。完善稻谷、小麦最低收购价政策，增强政策灵活性和弹性，合理调整最低收购价水平，加快建立健全支持保护政策。深化国有粮食企业改革，培育壮大骨干粮食企业，引导多元市场主体入市收购，防止出现卖粮难。深化棉花目标价格改革，研究完善食糖（糖料）、油料支持政策，促进价格合理形成，激发企业活力，提高国内产业竞争力。

第三节 提高农业风险保障能力

完善农业保险政策体系，设计多层次、可选择、不同保障水平的保险产品。积极开发适应新型农业经营主体需求的保险品种，探索开展水稻、小麦、玉米三大主粮作物完全成本保险和收入保险试点，鼓励开展天气指数保险、价格指数保险、贷款保证保险等试点。健全农业保险大灾风险分散机制。发展农产品期权期货市场，扩大“保险+期货”试点，探索“订单农业+保险+期货（权）”试点。健全国门生物安全查验机制，推进口岸动植物检疫规范化建设。强化边境管理，打击农产品走私。完善农业风险管理和预警体系。

第五篇　发展壮大乡村产业

以完善利益联结机制为核心，以制度、技术和商业模式创新为动力，推进农村一二三产业交叉融合，加快发展根植于农业农村、由当地农民主办、彰显地域特色和乡村价值的产业体系，推动乡村产业全面振兴。

第十六章　推动农村产业深度融合

把握城乡发展格局发生重要变化的机遇，培育农业农村新产业新业态，打造农村产业融合发展新载体新模式，推动要素跨界配置和产业有机融合，让农村一二三产业在融合发展中同步升级、同步增值、同步受益。

第一节　发掘新功能新价值

顺应城乡居民消费拓展升级趋势，结合各地资源禀赋，深入发掘农业农村的生态涵养、休闲观光、文化体验、健康养老等多种功能和多重价值。遵循市场规律，推动乡村资源全域化整合、多元化增值，增强地方特色产品时代感和竞争力，形成新的消费热点，增加乡村生态产品和服务供给。实施农产品加工业提升行动，支持开展农产品生产加工、综合利用关键技术研究与示范，推动初加工、精深加工、综合利用加工和主食加工协调发展，实现农产品多层次、多环节转化增值。

第二节　培育新产业新业态

深入实施电子商务进农村综合示范，建设具有广泛性的农村电子商务发展基础设施，加快建立健全适应农产品电商发展的标准体系。研发绿色智能农产品供应链核心技术，加快培育农业现代供应链主体。加强农商互联，密切产销衔接，发展农超、农社、农企、农校等产销对接的新型流通业态。实施休闲农业和乡村旅游精品工程，发展乡村共享经济等新业态，推动科技、人文等元素融入农业。强化农业生产性服务业对现代农业产业链的引领支撑作用，构建全程覆盖、区域集成、配套完备的新型农业社会化服务体系。清理规范制约农业农村新产业新业态发展的行政审批事项。着力优化农村消费环境，不断优化农村消费结构，提升农村消费层次。

第三节　打造新载体新模式

依托现代农业产业园、农业科技园区、农产品加工园、农村产业融合发展示范园等，打造农村产业融合发展的平台载体，促进农业内部融合、延伸农业产业链、拓展农业多种功能、发展农业新型业态等多模式融合发展。加快培育农商产业联盟、农业产业化联合体等新型产业链主体，打造一批产加销一体的全产业链企业集群。推进农业循环经济试点示范和田园综合体试点建设。

加快培育一批“农字号”特色小镇，在有条件的地区建设培育特色商贸小镇，推动农村产业发展与新型城镇化相结合。

第十七章　完善紧密型利益联结机制

始终坚持把农民更多分享增值收益作为基本出发点，着力增强农民参与融合能力，创新收益分享模式，健全联农带农有效激励机制，让农民更多分享产业融合发展的增值收益。

第一节　提高农民参与程度

鼓励农民以土地、林权、资金、劳动、技术、产品为纽带，开展多种形式的合作与联合，依法组建农民专业合作社联合社，强化农民作为市场主体的平等地位。引导农村集体经济组织挖掘集体土地、房屋、设施等资源和资产潜力，依法通过股份制、合作制、股份合作制、租赁等形式，积极参与产业融合发展。积极培育社会化服务组织，加强农技指导、信用评价、保险推广、市场预测、产品营销等服务，为农民参与产业融合创造良好条件。

第二节　创新收益分享模式

加快推广“订单收购+分红”“土地流转+优先雇用+社会保障”“农民入股+保底收益+按股分红”等多种利益联结方式，让农户分享加工、销售环节收益。鼓励行业协会或龙头企业与合作社、家庭农场、普通农户等组织共同营销，开展农产品销售推介和品牌运作，让农户更多分享产业链增值收益。鼓励农业产业化龙头企业通过设立风险资金、为农户提供信贷担保、领办或参办农民合作组织等多种形式，与农民建立稳定的订单和契约关系。

完善涉农股份合作制企业利润分配机制，明确资本参与利润分配比例上限。

第三节　强化政策扶持引导

更好发挥政府扶持资金作用，强化龙头企业、合作组织联农带农激励机制，探索将新型农业经营主体带动农户数量和成效作为安排财政支持资金的重要参考依据。以土地、林权为基础的各种形式合作，凡是享受财政投入或政策支持的承包经营者均应成为股东方。鼓励将符合条件的财政资金特别是扶贫资金量化到农村集体经济组织和农户后，以自愿入股方式投入新型农业经营主体，对农户土地经营权入股部分采取特殊保护，探索实行农民负盈不负亏的分配机制。

第十八章　激发农村创新创业活力

坚持市场化方向，优化农村创新创业环境，放开搞活农村经济，合理引导工商资本下乡，推动乡村大众创业万众创新，培育新动能。

第一节　培育壮大创新创业群体

推进产学研合作，加强科研机构、高校、企业、返乡下乡人员等主体协同，推动农村创新创业群体更加多元。培育以企业为主导的农业产业技术创新战略联盟，加速资金、技术和服务扩散，带动和支持返乡创业人员依托相关产业链创业发展。整合政府、企业、社会等多方资源，推动政策、技术、资本等各类要素向农村创新创业集聚。鼓励农民就地创业、返乡创业，加大各方资源支持本地农民兴业创业力度。深入推行科技特派员制度，引导科技、信息、资金、管理等现代生产要素向乡村集聚。

第二节　完善创新创业服务体系

发展多种形式的创新创业支撑服务平台，健全服务功能，开展政策、资金、法律、知识产权、财务、商标等专业化服务。建立农村创新创业园区（基地），鼓励农业企业建立创新创业实训基地。鼓励有条件的县级政府设立“绿色通道”，为返乡下乡人员创新创业提供便利服务。建设一批众创空间、“星创天地”，降低创业门槛。依托基层就业和社会保障服务平台，做好返乡人员创业服务、社保关系转移接续等工作。

第三节　建立创新创业激励机制

加快将现有支持“双创”相关财政政策措施向返乡下乡人员创新创业拓展，把返乡下乡人员开展农业适度规模经营所需贷款按规定纳入全国农业信贷担保体系支持范围。适当放宽返乡创业园用电用水用地标准，吸引更多返乡人员入园创业。各地年度新增建设用地计划指标，要确定一定比例用于支持农村新产业新业态发展。落实好减税降费政策，支持农村创新创业。

第六篇　建设生态宜居的美丽乡村

牢固树立和践行绿水青山就是金山银山的理念，坚持尊重自然、顺应自然、保护自然，统筹山水林田湖草系统治理，加快转变生产生活方式，推动乡村生态振兴，建设生活环境整洁优美、生态系统稳定健康、人与自然和谐共生的生态宜居美丽乡村。

第十九章　推进农业绿色发展

以生态环境友好和资源永续利用为导向，推动形成农业绿色生产方式，实现投入品减量化、生产清洁化、废弃物资源化、产业模式生态化，提高农业可持续发展能力。

第一节　强化资源保护与节约利用

实施国家农业节水行动，建设节水型乡村。深入推进农业灌溉用水总量控制和定额管理，建立健全农业节水长效机制和政策体系。逐步明晰农业水权，推进农业水价综合改革，建立精准补贴和节水奖励机制。严格控制未利用地开垦，落实和完善耕地占补平衡制度。实施农用地分类管理，切实加大优先保护类耕地保护力度。降低耕地开发利用强度，扩大轮作休耕制度试点，制定轮作休耕规划。全面普查动植物种质资源，推进种质资源收集保存、鉴定和利用。强化渔业资源管控与养护，实施海洋渔业资源总量管理、海洋渔船“双控”和休禁渔制度，科学划定江河湖海限捕、禁捕区域，建设水生生物保护区、海洋牧场。

第二节　推进农业清洁生产

加强农业投入品规范化管理，健全投入品追溯系统，推进化肥农药减量施用，完善农药风险评估技术标准体系，严格饲料质量安全管理。加快推进种养循环一体化，建立农村有机废弃物收集、转化、利用网络体系，推进农林产品加工剩余物资源化利用，深入实施秸秆禁烧制度和综合利用，开展整县推进畜禽粪污资源化利用试点。推进废旧地膜和包装废弃物等回收处理。推行水产健康养殖，加大近海滩涂养殖环境治理力度，严格控制河流湖库、近岸海域投饵网箱养殖。探索农林牧渔融合循环发展模式，修复和完善生态廊道，恢复田间生物群落和生态链，建设健康稳定田园生态系统。

第三节　集中治理农业环境突出问题

深入实施土壤污染防治行动计划，开展土壤污染状况详查，积极推进重金属污染耕地等受污染耕地分类管理和安全利用，有序推进治理与修复。加强重有色金属矿区污染综合整治。加强农业面源污染综合防治。加大地下水超采治理，控制地下水漏斗区、地表水过度利用区用水总量。严格工业和城镇污染处理、达标排放，建立监测体系，强化经常性执法监管制度建设，推动环境监测、执法向农村延伸，严禁未经达标处理的城镇污水和其他污染物进入农业农村。

第二十章　持续改善农村人居环境

以建设美丽宜居村庄为导向，以农村垃圾、污水治理和村容村貌提升为主攻方向，开展农村人居环境整治行动，全面提升农村人居环境质量。

第一节　加快补齐突出短板

推进农村生活垃圾治理，建立健全符合农村实际、方式多样的生活垃圾收运处置体系，有条件的地区推行垃圾就地分类和资源化利用。开展非正规垃圾堆放点排查整治。实施“厕所革命”，结合各地实际普及不同类型的卫生厕所，推进厕所粪污无害化处理和资源化利用。梯次推进农村生活污水治理，有条件的地区推动城镇污水管网向周边村庄延伸覆盖。逐步消除农村黑臭水体，加强农村饮用水水源地保护。

第二节　着力提升村容村貌

科学规划村庄建筑布局，大力提升农房设计水平，突出乡土特色和地域民族特点。加快推进通村组道路、入户道路建设，基本解决村内道路泥泞、村民出行不便等问题。全面推进乡村绿化，建设具有乡村特色的绿化景观。完善村庄公共照明设施。整治公共空间和庭院环境，消除私搭乱建、乱堆乱放。继续推进城乡环境卫生整洁行动，加大卫生乡镇创建工作力度。鼓励具备条件的地区集中连片建设生态宜居的美丽乡村，综合提升田水路林村风貌，促进村庄形态与自然环境相得益彰。

第三节　建立健全整治长效机制

全面完成县域乡村建设规划编制或修编，推进实用性村庄规划编制实施，加强乡村建设规划许可管理。建立农村人居环境建设和管护长效机制，发挥村民主体作用，鼓励专业化、市场化建设和运行管护。推行环境治理依效付费制度，健全服务绩效评价考核机制。探索建立垃圾污水处理农户付费制度，完善财政补贴和农户付费合理分担机制。依法简化农村人居环境整治建设项目审批程序和招投标程序。完善农村人居环境标准体系。

第二十一章　加强乡村生态保护与修复

大力实施乡村生态保护与修复重大工程，完善重要生态系统保护制度，促进乡村生产生活环境稳步改善，自然生态系统功能和稳定性全面提升，生态产品供给能力进一步增强。

第一节 实施重要生态系统保护和修复重大工程

统筹山水林田湖草系统治理，优化生态安全屏障体系。大力实施大规模国土绿化行动，全面建设“三北”、长江等重点防护林体系，扩大退耕还林还草，巩固退耕还林还草成果，推动森林质量精准提升，加强有害生物防治。稳定扩大退牧还草实施范围，继续推进草原防灾减灾、鼠虫草害防治、严重退化沙化草原治理等工程。保护和恢复乡村河湖、湿地生态系统，积极开展农村水生态修复，连通河湖水系，恢复河塘行蓄能力，推进退田还湖还湿、退圩退垸还湖。大力推进荒漠化、石漠化、水土流失综合治理，实施生态清洁小流域建设，推进绿色小水电改造。加快国土综合整治，实施农村土地综合整治重大行动，推进农用地和低效建设用地整理以及历史遗留损毁土地复垦。加强矿产资源开发集中地区特别是重有色金属矿区地质环境和生态修复，以及损毁山体、矿山废弃地修复。加快近岸海域综合治理，实施蓝色海湾整治行动和自然岸线修复。实施生物多样性保护重大工程，提升各类重要保护地保护管理能力。加强野生动植物保护，强化外来入侵物种风险评估、监测预警与综合防控。开展重大生态修复工程气象保障服务，探索实施生态修复型人工增雨工程。

第二节 健全重要生态系统保护制度

完善天然林和公益林保护制度，进一步细化各类森林和林地的管控措施或经营制度。完善草原生态监管和定期调查制度，严格实施草原禁牧和草畜平衡制度，全面落实草原经营者生态保护主体责任。完善荒漠生态保护制度，加强沙区天然植被和绿洲保护。全面推行河长制湖长制，鼓励将河长湖长体系延伸至村一级。推进河湖饮用水水源保护区划定和立界工作，加强对水源涵养区、蓄洪滞涝区、滨河滨湖带的保护。严格落实自然保护区、风景名胜区、地质遗迹等各类保护地保护制度，支持有条件的地方结合国家公园体制试点，探索对居住在核心区域的农牧民实施生态搬迁试点。

第三节　健全生态保护补偿机制

加大重点生态功能区转移支付力度，建立省以下生态保护补偿资金投入机制。完善重点领域生态保护补偿机制，鼓励地方因地制宜探索通过赎买、租赁、置换、协议、混合所有制等方式加强重点区位森林保护，落实草原生态保护补助奖励政策，建立长江流域重点水域禁捕补偿制度，鼓励各地建立流域上下游等横向补偿机制。推动市场化多元化生态补偿，建立健全用水权、排污权、碳排放权交易制度，形成森林、草原、湿地等生态修复工程参与碳汇交易的有效途径，探索实物补偿、服务补偿、设施补偿、对口支援、干部支持、共建园区、飞地经济等方式，提高补偿的针对性。

第四节　发挥自然资源多重效益

大力发展生态旅游、生态种养等产业，打造乡村生态产业链。进一步盘活森林、草原、湿地等自然资源，允许集体经济组织灵活利用现有生产服务设施用地开展相关经营活动。鼓励各类社会主体参与生态保护修复，对集中连片开展生态修复达到一定规模的经营主体，允许在符合土地管理法律法规和土地利用总体规划、依法办理建设用地审批手续、坚持节约集约用地的前提下，利用 1%~3%治理面积从事旅游、康养、体育、设施农业等产业开发。深化集体林权制度改革，全面开展森林经营方案编制工作，扩大商品林经营自主权，鼓励多种形式的适度规模经营，支持开展林权收储担保服务。完善生态资源管护机制，设立生态管护员工作岗位，鼓励当地群众参与生态管护和管理服务。进一步健全自然资源有偿使用制度，研究探索生态资源价值评估方法并开展试点。

第七篇　繁荣发展乡村文化

坚持以社会主义核心价值观为引领，以传承发展中华优秀传统文化为核心，以乡村公共文化服务体系建设为载体，培育文明乡风、良好家风、淳朴民风，推动乡村文化振兴，建设邻里守望、诚信重礼、勤俭节约的文明乡村。

第二十二章　加强农村思想道德建设

持续推进农村精神文明建设，提升农民精神风貌，倡导科学文明生活，不断提高乡村社会文明程度。

第一节　践行社会主义核心价值观

坚持教育引导、实践养成、制度保障三管齐下，采取符合农村特点的方式方法和载体，深化中国特色社会主义和中国梦宣传教育，大力弘扬民族精神和时代精神。加强爱国主义、集体主义、社会主义教育，深化民族团结进步教育。注重典型示范，深入实施时代新人培育工程，推出一批新时代农民的先进模范人物。把社会主义核心价值观融入法治建设，推动公正文明执法司法，彰显社会主流价值。强化公共政策价值导向，探索建立重大公共政策道德风险评估和纠偏机制。

第二节　巩固农村思想文化阵地

推动基层党组织、基层单位、农村社区有针对性地加强农村群众性思想政治工作。加强对农村社会热点难点问题的应对解读，合理引导社会预期。健全人文关怀和心理疏导机制，培育自尊自信、理性平和、积极向上的农村社会心态。深化文明村镇创建活动，进一步提高县级及以上文明村和文明乡镇的占比。广泛开展星级文明户、文明家庭等群众性精神文明创建活动。深入开展“扫黄打非”进基层。重视发挥社区教育作用，做好家庭教育，传承良好家风家训。完善文化科技卫生“三下乡”长效机制。

第三节　倡导诚信道德规范

深入实施公民道德建设工程，推进社会公德、职业道德、家庭美德、个人品德建设。推进诚信建设，强化农民的社会责任意识、规则意识、集体意识和主人翁意识。建立健全农村信用体系，完善守信激励和失信惩戒机制。弘扬劳动最光荣、劳动者最伟大的观念。弘扬中华孝道，强化孝敬父母、尊敬长辈的社会风尚。广泛开展好媳妇、好儿女、好公婆等评选表彰活动，开展寻找最美乡村教师、医生、村官、人民调解员等活动。深入宣传道德模范、身边好人的典型事迹，建立健全先进模范发挥作用的长效机制。

第二十三章　弘扬中华优秀传统文化

立足乡村文明，吸取城市文明及外来文化优秀成果，在保护传承的基础上，创造性转化、创新性发展，不断赋予时代内涵、丰富表现形式，为增强文化自信提供优质载体。

第一节　保护利用乡村传统文化

实施农耕文化传承保护工程，深入挖掘农耕文化中蕴含的优秀思想观念、人文精神、道德规范，充分发挥其在凝聚人心、教化群众、淳化民风中的重要作用。划定乡村建设的历史文化保护线，保护好文物古迹、传统村落、民族村寨、传统建筑、农业遗迹、灌溉工程遗产。传承传统建筑文化，使历史记忆、地域特色、民族特点融入乡村建设与维护。支持农村地区优秀戏曲曲艺、少数民族文化、民间文化等传承发展。完善非物质文化遗产保护制度，实施非物质文化遗产传承发展工程。实施乡村经济社会变迁物证征藏工程，鼓励乡村史志修编。

第二节　重塑乡村文化生态

紧密结合特色小镇、美丽乡村建设，深入挖掘乡村特色文化符号，盘活地方和民族特色文化资源，走特色化、差异化发展之路。以形神兼备为导向，保护乡村原有建筑风貌和村落格局，把民族民间文化元素融入乡村建设，深挖历史古韵，弘扬人文之美，重塑诗意闲适的人文环境和田绿草青的居住环境，重现原生田园风光和原本乡情乡愁。引导企业家、文化工作者、退休人员、文化志愿者等投身乡村文化建设，丰富农村文化业态。

第三节　发展乡村特色文化产业

加强规划引导、典型示范，挖掘培养乡土文化本土人才，建设一批特色鲜明、优势突出的农耕文化产业展示区，打造一批特色文化产业乡镇、文化产业特色村和文化产业群。大力推动农村地区实施传统工艺振兴计划，培育形成具有民族和地域特色的传统工艺产品，促进传统工艺提高品质、形成品牌、带动就业。积极开发传统节日文化用品和武术、戏曲、舞龙、舞狮、锣鼓等民间艺术、民俗表演项目，促进文化资源与现代消费需求有效对接。推动文化、旅游与其他产业深度融合、创新发展。

第二十四章　丰富乡村文化生活

推动城乡公共文化服务体系融合发展，增加优秀乡村文化产品和服务供给，活跃繁荣农村文化市场，为广大农民提供高质量的精神营养。

第一节　健全公共文化服务体系

按照有标准、有网络、有内容、有人才的要求，健全乡村公共文化服务体系。推动县级图书馆、文化馆总分馆制，发挥县级公共文化机构辐射作用，加强基层综合性文化服务中心建设，实现乡村两级公共文化服务全覆盖，提升服务效能。完善农村新闻出版广播电视公共服务覆盖体系，推进数字广播电视户户通，探索农村电影放映的新方法新模式，推进农家书屋延伸服务和提质增效。继续实施公共数字文化工程，积极发挥新媒体作用，使农民群众能便捷获取优质数字文化资源。完善乡村公共体育服务体系，推动村健身设施全覆盖。

第二节　增加公共文化产品和服务供给

深入推进文化惠民，为农村地区提供更多更好的公共文化产品和服务。建立农民群众文化需求反馈机制，推动政府向社会购买公共文化服务，开展“菜单式”“订单式”服务。加强公共文化服务品牌建设，推动形成具有鲜明特色和社会影响力的农村公共文化服务项目。开展文化结对帮扶。支持“三农”题材文艺创作生产，鼓励文艺工作者推出反映农民生产生活尤其是乡村振兴实践的优秀文艺作品。鼓励各级文艺组织深入农村地区开展惠民演出活动。加强农村科普工作，推动全民阅读进家庭、进农村，提高农民科学文化素养。

第三节　广泛开展群众文化活动

完善群众文艺扶持机制，鼓励农村地区自办文化。培育挖掘乡土文化本土人才，支持乡村文化能人。加强基层文化队伍培训，培养一支懂文艺爱农村爱农民、专兼职相结合的农村文化工作队伍。传承和发展民族民间传统体育，广泛开展形式多样的农民群众性体育活动。鼓励开展群众性节日民俗活动，支持文化志愿者深入农村开展丰富多彩的文化志愿服务活动。活跃繁荣农村文化市场，推动农村文化市场转型升级，加强农村文化市场监管。

第八篇　健全现代乡村治理体系

把夯实基层基础作为固本之策，建立健全党委领导、政府负责、社会协同、公众参与、法治保障的现代乡村社会治理体制，推动乡村组织振兴，打造充满活力、和谐有序的善治乡村。

第二十五章　加强农村基层党组织对乡村振兴的全面领导

以农村基层党组织建设为主线，突出政治功能，提升组织力，把农村基层党组织建成宣传党的主张、贯彻党的决定、领导基层治理、团结动员群众、推动改革发展的坚强战斗堡垒。

第一节　健全以党组织为核心的组织体系

坚持农村基层党组织领导核心地位，大力推进村党组织书记通过法定程序担任村民委员会主任和集体经济组织、农民合作组织负责人，推行村“两委”班子成员交叉任职；提倡由非村民委员会成员的村党组织班子成员或党员担任村务监督委员会主任；村民委员会成员、村民代表中党员应当占一定比例。在以建制村为基本单元设置党组织的基础上，创新党组织设置。推动农村基层党组织和党员在脱贫攻坚和乡村振兴中提高威信、提升影响。加强农村新型经济组织和社会组织的党建工作，引导其始终坚持为农民服务的正确方向。

第二节　加强农村基层党组织带头人队伍建设

实施村党组织带头人整体优化提升行动。加大从本村致富能手、外出务工经商人员、本乡本土大学毕业生、复员退伍军人中培养选拔力度。以县为单位，逐村摸排分析，对村党组织书记集中调整优化，全面实行县级备案管理。健全从优秀村党组织书记中选拔乡镇领导干部、考录乡镇公务员、招聘乡镇事业编制人员机制。通过本土人才回引、院校定向培养、县乡统筹招聘等渠道，每个村储备一定数量的村级后备干部。全面向贫困村、软弱涣散村和集体经济薄弱村党组织派出第一书记，建立长效机制。

第三节　加强农村党员队伍建设

加强农村党员教育、管理、监督，推进“两学一做”学习教育常态化制度化，教育引导广大党员自觉用习近平新时代中国特色社会主义思想武装头脑。严格党的组织生活，全面落实“三会一课”、主题党日、谈心谈话、民主评议党员、党员联系农户等制度。加强农村流动党员管理。注重发挥无职党员作用。扩大党内基层民主，推进党务公开。加强党内激励关怀帮扶，定期走访慰问农村老党员、生活困难党员，帮助解决实际困难。稳妥有序开展不合格党员组织处置工作。加大在青年农民、外出务工人员、妇女中发展党员力度。

第四节　强化农村基层党组织建设责任与保障

推动全面从严治党向纵深发展、向基层延伸，严格落实各级党委尤其是县级党委主体责任，进一步压实县乡纪委监督责任，将抓党建促脱贫攻坚、促乡村振兴情况作为每年市县乡党委书记抓基层党建述职评议考核的重要内容，纳入巡视、巡察工作内容，作为领导班子综合评价和选拔任用领导干部的重要依据。坚持抓乡促村，整乡推进、整县提升，加强基本组织、基本队伍、基本制度、基本活动、基本保障建设，持续整顿软弱涣散村党组织。加强农村基层党风廉政建设，强化农村基层干部和党员的日常教育管理监督，加强对《农村基层干部廉洁履行职责若干规定

（试行）》执行情况的监督检查，弘扬新风正气，抵制歪风邪气。充分发挥纪检监察机关在督促相关职能部门抓好中央政策落实方面的作用，加强对落实情况特别是涉农资金拨付、物资调配等工作的监督，开展扶贫领域腐败和作风问题专项治理，严厉打击农村基层黑恶势力和涉黑涉恶腐败及“保护伞”，严肃查处发生在惠农资金、征地拆迁、生态环保和农村“三资”管理领域的违纪违法问题，坚决纠正损害农民利益的行为，严厉整治群众身边腐败问题。全面执行以财政投入为主的稳定的村级组织运转经费保障政策。满怀热情关心关爱农村基层干部，政治上激励、工作上支持、待遇上保障、心理上关怀。重视发现和树立优秀农村基层干部典型，彰显榜样力量。

第二十六章　促进自治法治德治有机结合

坚持自治为基、法治为本、德治为先，健全和创新村党组织领导的充满活力的村民自治机制，强化法律权威地位，以德治滋养法治、涵养自治，让德治贯穿乡村治理全过程。

第一节　深化村民自治实践

加强农村群众性自治组织建设。完善农村民主选举、民主协商、民主决策、民主管理、民主监督制度。规范村民委员会等自治组织选举办法，健全民主决策程序。依托村民会议、村民代表会议、村民议事会、村民理事会等，形成民事民议、民事民办、民事民管的多层次基层协商格局。创新村民议事形式，完善议事决策主体和程序，落实群众知情权和决策权。全面建立健全村务监督委员会，健全务实管用的村务监督机制，推行村级事务阳光工程。充分发挥自治章程、村规民约在农村基层治理中的独特功能，弘扬公序良俗。继续开展以村民小组或自然村为基本单元的村民自治试点工作。加强基层纪委监委对村民委员会的联系和指导。

第二节　推进乡村法治建设

深入开展“法律进乡村”宣传教育活动，提高农民法治素养，引导干部群众尊法学法守法用法。增强基层干部法治观念、法治为民意识，把政府各项涉农工作纳入法治化轨道。维护村民委员会、农村集体经济组织、农村合作经济组织的特别法人地位和权利。深入推进综合行政执法改革向基层延伸，创新监管方式，推动执法队伍整合、执法力量下沉，提高执法能力和水平。加强乡村人民调解组织建设，建立健全乡村调解、县市仲裁、司法保障的农村土地承包经营纠纷调处机制。健全农村公共法律服务体系，加强对农民的法律援助、司法救助和公益法律服务。深入开展法治县（市、区）、民主法治示范村等法治创建活动，深化农村基层组织依法治理。

第三节　提升乡村德治水平

深入挖掘乡村熟人社会蕴含的道德规范，结合时代要求进行创新，强化道德教化作用，引导农民向上向善、孝老爱亲、重义守信、勤俭持家。建立道德激励约束机制，引导农民自我管理、自我教育、自我服务、自我提高，实现家庭和睦、邻里和谐、干群融洽。积极发挥新乡贤作用。深入推进移风易俗，开展专项文明行动，遏制大操大办、相互攀比、“天价彩礼”、厚葬薄养等陈规陋习。加强无神论宣传教育，抵制封建迷信活动。深化农村殡葬改革。

第四节 建设平安乡村

健全落实社会治安综合治理领导责任制，健全农村社会治安防控体系，推动社会治安防控力量下沉，加强农村群防群治队伍建设。深入开展扫黑除恶专项斗争。依法加大对农村非法宗教、邪教活动打击力度，严防境外渗透，继续整治农村乱建宗教活动场所、滥塑宗教造像。完善县乡村三级综治中心功能和运行机制。健全农村公共安全体系，持续开展农村安全隐患治理。加强农村警务、消防、安全生产工作，坚决遏制重特大安全事故。健全矛盾纠纷多元化解机制，深入排查化解各类矛盾纠纷，全面推广“枫桥经验”，做到小事不出村、大事不出乡（镇）。落实乡镇政府农村道路交通安全监督管理责任，探索实施“路长制”。探索以网格化管理为抓手，推动基层服务和管理精细化精准化。推进农村“雪亮工程”建设。

第二十七章 夯实基层政权

科学设置乡镇机构，构建简约高效的基层管理体制，健全农村基层服务体系，夯实乡村治理基础。

第一节 加强基层政权建设

面向服务人民群众合理设置基层政权机构、调配人力资源，不简单照搬上级机关设置模式。根据工作需要，整合基层审批、服务、执法等方面力量，统筹机构编制资源，整合相关职能设立综合性机构，实行扁平化和网格化管理。推动乡村治理重心下移，尽可能把资源、服务、管理下放到基层。加强乡镇领导班子建设，有计划地选派省市县机关部门有发展潜力的年轻干部到乡镇任职。加大从优秀选调生、乡镇事业编制人员、优秀村干部、大学生村官中选拔乡镇领导班子成员力度。加强边境地区、民族地区农村基层政权建设相关工作。

第二节　创新基层管理体制机制

明确县乡财政事权和支出责任划分，改进乡镇财政预算管理制度。推进乡镇协商制度化、规范化建设，创新联系服务群众工作方法。推进直接服务民生的公共事业部门改革，改进服务方式，最大限度方便群众。推动乡镇政务服务事项一窗式办理、部门信息系统一平台整合、社会服务管理大数据一口径汇集，不断提高乡村治理智能化水平。健全监督体系，规范乡镇管理行为。改革创新考评体系，强化以群众满意度为重点的考核导向。严格控制对乡镇设立不切实际的“一票否决”事项。

第三节　健全农村基层服务体系

制定基层政府在村（农村社区）治理方面的权责清单，推进农村基层服务规范化标准化。整合优化公共服务和行政审批职责，打造“一门式办理”“一站式服务”的综合服务平台。在村庄普遍建立网上服务站点，逐步形成完善的乡村便民服务体系。大力培育服务性、公益性、互助性农村社会组织，积极发展农村社会工作和志愿服务。开展农村基层减负工作，集中清理对村级组织考核评比多、创建达标多、检查督查多等突出问题。

第九篇　保障和改善农村民生

坚持人人尽责、人人享有，围绕农民群众最关心最直接最现实的利益问题，加快补齐农村民生短板，提高农村美好生活保障水平，让农民群众有更多实实在在的获得感、幸福感、安全感。

第二十八章　加强农村基础设施建设

继续把基础设施建设重点放在农村，持续加大投入力度，加快补齐农村基础设施短板，促进城乡基础设施互联互通，推动农村基础设施提挡升级。

第一节　改善农村交通物流设施条件

以示范县为载体全面推进“四好农村路”建设，深化农村公路管理养护体制改革，健全管理养护长效机制，完善安全防护设施，保障农村地区基本出行条件。推动城市公共交通线路向城市周边延伸，鼓励发展镇村公交，实现具备条件的建制村全部通客车。加大对革命老区、民族地区、边疆地区、贫困地区铁路公益性运输的支持力度，继续开好“慢火车”。加快构建农村物流基础设施骨干网络，鼓励商贸、邮政、快递、供销、运输等企业加大在农村地区的设施网络布局。加快完善农村物流基础设施末端网络，鼓励有条件的地区建设面向农村地区的共同配送中心。

第二节　加强农村水利基础设施网络建设

构建大中小微结合、骨干和田间衔接、长期发挥效益的农村水利基础设施网络，着力提高节水供水和防洪减灾能力。科学有序推进重大水利工程建设，加强灾后水利薄弱环节建设，统筹推进中小型水源工程和抗旱应急能力建设。巩固提升农村饮水安全保障水平，开展大中型灌区续建配套节水改造与现代化建设，有序新建一批节水型、生态型灌区，实施大中型灌排泵站更新改造。推进小型农田水利设施达标提质，实施水系连通和河塘清淤整治等工程建设。推进智慧水利建设。深化农村水利工程产权制度与管理体制改革，健全基层水利服务体系，促进工程长期良性运行。

第三节　构建农村现代能源体系

优化农村能源供给结构，大力发展太阳能、浅层地热能、生物质能等，因地制宜开发利用水能和风能。完善农村能源基础设施网络，加快新一轮农村电网升级改造，推动供气设施向农村延伸。加快推进生物质热电联产、生物质供热、规模化生物质天然气和规模化大型沼气等燃料清洁化工程。推进农村能源消费升级，大幅提高电能在农村能源消费中的比重，加快实施北方农村地区冬季清洁取暖，积极稳妥推进散煤替代。推广农村绿色节能建筑和农用节能技术、产品。大力发展“互联网+”智慧能源，探索建设农村能源革命示范区。

第四节　夯实乡村信息化基础

深化电信普遍服务，加快农村地区宽带网络和第四代移动通信网络覆盖步伐。实施新一代信息基础设施建设工程。实施数字乡村战略，加快物联网、地理信息、智能设备等现代信息技术与农村生产生活的全面深度融合，深化农业农村大数据创新应用，推广远程教育、远程医疗、金融服务进村等信息服务，建立空间化、智能化的新型农村统计信息系统。在乡村信息化基础设施建设过程中，同步规划、同步建设、同步实施网络安全工作。

第二十九章　提升农村劳动力就业质量

坚持就业优先战略和积极就业政策，健全城乡均等的公共就业服务体系，不断提升农村劳动者素质，拓展农民外出就业和就地就近就业空间，实现更高质量和更充分就业。

第一节　拓宽转移就业渠道

增强经济发展创造就业岗位能力，拓宽农村劳动力转移就业渠道，引导农村劳动力外出就业，更加积极地支持就地就近就业。发展壮大县域经济，加快培育区域特色产业，拓宽农民就业空间。大力发展吸纳就业能力强的产业和企业，结合新型城镇化建设合理引导产业梯度转移，创造更多适合农村劳动力转移就业的机会，推进农村劳动力转移就业示范基地建设。加强劳务协作，积极开展有组织的劳务输出。实施乡村就业促进行动，大力发展乡村特色产业，推进乡村经济多元化，提供更多就业岗位。结合农村基础设施等工程建设，鼓励采取以工代赈方式就近吸纳农村劳动力务工。

第二节　强化乡村就业服务

健全覆盖城乡的公共就业服务体系，提供全方位公共就业服务。加强乡镇、行政村基层平台建设，扩大就业服务覆盖面，提升服务水平。开展农村劳动力资源调查统计，建立农村劳动力资源信息库并实行动态管理。加快公共就业服务信息化建设，打造线上线下一体的服务模式。推动建立覆盖城乡全体劳动者、贯穿劳动者学习工作终身、适应就业和人才成长需要的职业技能培训制度，增强职业培训的针对性和有效性。在整合资源基础上，合理布局建设一批公共实训基地。

第三节　完善制度保障体系

推动形成平等竞争、规范有序、城乡统一的人力资源市场，建立健全城乡劳动者平等就业、同工同酬制度，提高就业稳定性和收入水平。健全人力资源市场法律法规体系，依法保障农村劳动者和用人单位合法权益。完善政府、工会、企业共同参与的协调协商机制，构建和谐劳动关系。落实就业服务、人才激励、教育培训、资金奖补、金融支持、社会保险等就业扶持相关政策。加强就业援助，对就业困难农民实行分类帮扶。

第三十章　增加农村公共服务供给

继续把国家社会事业发展的重点放在农村，促进公共教育、医疗卫生、社会保障等资源向农村倾斜，逐步建立健全全民覆盖、普惠共享、城乡一体的基本公共服务体系，推进城乡基本公共服务均等化。

第一节　优先发展农村教育事业

统筹规划布局农村基础教育学校，保障学生就近享有有质量的教育。科学推进义务教育公办学校标准化建设，全面改善贫困地区义务教育薄弱学校基本办学条件，加强寄宿制学校建设，提升乡村教育质量，实现县域校际资源均衡配置。发展农村学前教育，每个乡镇至少办好1所公办中心幼儿园，完善县乡村学前教育公共服务网络。继续实施特殊教育提升计划。科学稳妥推行民族地区乡村中小学双语教育，坚定不移推行国家通用语言文字教育。实施高中阶段教育普及攻坚计划，提高高中阶段教育普及水平。大力发展面向农村的职业教育，加快推进职业院校布局结构调整，加强县级职业教育中心建设，有针对性地设置专业和课程，满足乡村产业发展和振兴需要。推动优质学校辐射农村薄弱学校常态化，加强城乡教师交流轮岗。积极发展“互联网+教育”，推进乡村学校信息化基础设施建设，优化数字教育资源公共服务体系。落实好乡村教师支持计划，继续实施农村义务教育学校教师特设岗位计划，加强乡村学校紧缺学科教师和民族地区双语教师培训，落实乡村教师生活补助政策，建好建强乡村教师队伍。

第二节　推进健康乡村建设

深入实施国家基本公共卫生服务项目，完善基本公共卫生服务项目补助政策，提供基础性全方位全周期的健康管理服务。加强慢性病、地方病综合防控，大力推进农村地区精神卫生、职业病和重大传染病防治。深化农村计划生育管理服务改革，落实全面两孩政策。增强妇幼健康服务能力，倡导优生优育。加强基层医疗卫生服务体系建设，基本实现每个乡镇都有1所政府举办的乡镇卫生院，每个行政村都有1所卫生室，每个乡镇卫生院都有全科医生，支持中西部地区基层医疗卫生机构标准化建设和设备提档升级。切实加强乡村医生队伍建设，支持并推动乡村医生申请执业（助理）医师资格。全面建立分级诊疗制度，实行差别化的医保支付和价格政策。深入推进基层卫生综合改革，完善基层医疗卫生机构绩效工资制度。开展和规范家庭医生签约服务。树立大卫生大健康理念，广泛开展健康教育活动，倡导科学文明健康的生活方式，养成良好卫生习惯，提升居民文明卫生素质。

第三节 加强农村社会保障体系建设

按照兜底线、织密网、建机制的要求，全面建成覆盖全民、城乡统筹、权责清晰、保障适度、可持续的多层次社会保障体系。进一步完善城乡居民基本养老保险制度，加快建立城乡居民基本养老保险待遇确定和基础养老金标准正常调整机制。完善统一的城乡居民基本医疗保险制度和大病保险制度，做好农民重特大疾病救助工作，健全医疗救助与基本医疗保险、城乡居民大病保险及相关保障制度的衔接机制，巩固城乡居民医保全国异地就医联网直接结算。推进低保制度城乡统筹发展，健全低保标准动态调整机制。全面实施特困人员救助供养制度，提升托底保障能力和服务质量。推动各地通过政府购买服务、设置基层公共管理和社会服务岗位、引入社会工作专业人才和志愿者等方式，为农村留守儿童和妇女、老年人以及困境儿童提供关爱服务。加强和改善农村残疾人服务，将残疾人普遍纳入社会保障体系予以保障和扶持。

第四节 提升农村养老服务能力

适应农村人口老龄化加剧形势，加快建立以居家为基础、社区为依托、机构为补充的多层次农村养老服务体系。以乡镇为中心，建立具有综合服务功能、医养相结合的养老机构，与农村基本公共服务、农村特困供养服务、农村互助养老服务相互配合，形成农村基本养老服务网络。提高乡村卫生服务机构为老年人提供医疗保健服务的能力。支持主要面向失能、半失能老年人的农村养老服务设施建设，推进农村幸福院等互助型养老服务发展，建立健全农村留守老年人关爱服务体系。开发农村康养产业项目。鼓励村集体建设用地优先用于发展养老服务。

第五节　加强农村防灾减灾救灾能力建设

坚持以防为主、防抗救相结合，坚持常态减灾与非常态救灾相统一，全面提高抵御各类灾害综合防范能力。加强农村自然灾害监测预报预警，解决农村预警信息发布“最后一公里”问题。加强防灾减灾工程建设，推进实施自然灾害高风险区农村困难群众危房改造。全面深化森林、草原火灾防控治理。大力推进农村公共消防设施、消防力量和消防安全管理组织建设，改善农村消防安全条件。推进自然灾害救助物资储备体系建设。开展灾害救助应急预案编制和演练，完善应对灾害的政策支持体系和灾后重建工作机制。在农村广泛开展防灾减灾宣传教育。

第十篇　完善城乡融合发展政策体系

顺应城乡融合发展趋势，重塑城乡关系，更好激发农村内部发展活力、优化农村外部发展环境，推动人才、土地、资本等要素双向流动，为乡村振兴注入新动能。

第三十一章　加快农业转移人口市民化

加快推进户籍制度改革，全面实行居住证制度，促进有能力在城镇稳定就业和生活的农业转移人口有序实现市民化。

第一节　健全落户制度

鼓励各地进一步放宽落户条件，除极少数超大城市外，允许农业转移人口在就业地落户，优先解决农村学生升学和参军进入城镇的人口、在城镇就业居住 5 年以上和举家迁徙的农业转移人口以及新生代农民工落户问题。区分超大城市和特大城市主城区、郊区、新区等区域，分类制定落户政策，重点解决符合条件的普通劳动者落户问题。全面实行居住证制度，确保各地居住证申领门槛不高于国家标准、享受的各项基本公共服务和办事便利不低于国家标准，推进居住证制度覆盖全部未落户城镇常住人口。

第二节　保障享有权益

不断扩大城镇基本公共服务覆盖面，保障符合条件的未落户农民工在流入地平等享受城镇基本公共服务。通过多种方式增加学位供给，保障农民工随迁子女以流入地公办学校为主接受义务教育，以普惠性幼儿园为主接受学前教育。完善就业失业登记管理制度，面向农业转移人口全面提供政府补贴职业技能培训服务。将农业转移人口纳入社区卫生和计划生育服务体系，提供基本医疗卫生服务。把进城落户农民完全纳入城镇社会保障体系，在农村参加的养老保险和医疗保险规范接入城镇社会保障体系，做好基本医疗保险关系转移接续和异地就医结算工作。把进城落户农民完全纳入城镇住房保障体系，对符合条件的采取多种方式满足基本住房需求。

第三节 完善激励机制

维护进城落户农民土地承包权、宅基地使用权、集体收益分配权，引导进城落户农民依法自愿有偿转让上述权益。加快户籍变动与农村“三权”脱钩，不得以退出“三权”作为农民进城落户的条件，促使有条件的农业转移人口放心落户城镇。落实支持农业转移人口市民化财政政策，以及城镇建设用地增加规模与吸纳农业转移人口落户数量挂钩政策，健全由政府、企业、个人共同参与的市民化成本分担机制。

第三十二章 强化乡村振兴人才支撑

实行更加积极、更加开放、更加有效的人才政策，推动乡村人才振兴，让各类人才在乡村大施所能、大展才华、大显身手。

第一节 培育新型职业农民

全面建立职业农民制度，培养新一代爱农业、懂技术、善经营的新型职业农民，优化农业从业者结构。实施新型职业农民培育工程，支持新型职业农民通过弹性学制参加中高等农业职业教育。创新培训组织形式，探索田间课堂、网络教室等培训方式，支持农民专业合作社、专业技术协会、龙头企业等主体承担培训。鼓励各地开展职业农民职称评定试点。引导符合条件的新型职业农民参加城镇职工养老、医疗等社会保障制度。

第二节　加强农村专业人才队伍建设

加大“三农”领域实用专业人才培育力度，提高农村专业人才服务保障能力。加强农技推广人才队伍建设，探索公益性和经营性农技推广融合发展机制，允许农技人员通过提供增值服务合理取酬，全面实施农技推广服务特聘计划。加强涉农院校和学科专业建设，大力培育农业科技、科普人才，深入实施农业科研杰出人才计划和杰出青年农业科学家项目，深化农业系列职称制度改革。

第三节　鼓励社会人才投身乡村建设

建立健全激励机制，研究制定完善相关政策措施和管理办法，鼓励社会人才投身乡村建设。以乡情乡愁为纽带，引导和支持企业家、党政干部、专家学者、医生教师、规划师、建筑师、律师、技能人才等，通过下乡担任志愿者、投资兴业、行医办学、捐资捐物、法律服务等方式服务乡村振兴事业，允许符合要求的公职人员回乡任职。落实和完善融资贷款、配套设施建设补助、税费减免等扶持政策，引导工商资本积极投入乡村振兴事业。继续实施“三区”（边远贫困地区、边疆民族地区和革命老区）人才支持计划，深入推进大学生村官工作，因地制宜实施“三支一扶”、高校毕业生基层成长等计划，开展乡村振兴“巾帼行动”、青春建功行动。建立城乡、区域、校地之间人才培养合作与交流机制。全面建立城市医生教师、科技文化人员等定期服务乡村机制。

第三十三章　加强乡村振兴用地保障

完善农村土地利用管理政策体系，盘活存量，用好流量，辅以增量，激活农村土地资源资产，保障乡村振兴用地需求。

第一节　健全农村土地管理制度

总结农村土地征收、集体经营性建设用地入市、宅基地制度改革试点经验，逐步扩大试点，加快土地管理法修改。探索具体用地项目公共利益认定机制，完善征地补偿标准，建立被征地农民长远生计的多元保障机制。建立健全依法公平取得、节约集约使用、自愿有偿退出的宅基地管理制度。在符合规划和用途管制前提下，赋予农村集体经营性建设用地出让、租赁、入股权能，明确入市范围和途径。建立集体经营性建设用地增值收益分配机制。

第二节　完善农村新增用地保障机制

统筹农业农村各项土地利用活动，乡镇土地利用总体规划可以预留一定比例的规划建设用地指标，用于农业农村发展。根据规划确定的用地结构和布局，年度土地利用计划分配中可安排一定比例新增建设用地指标专项支持农业农村发展。对于农业生产过程中所需各类生产设施和附属设施用地，以及由于农业规模经营必须兴建的配套设施，在不占用永久基本农田的前提下，纳入设施农用地管理，实行县级备案。鼓励农业生产与村庄建设用地复合利用，发展农村新产业新业态，拓展土地使用功能。

第三节　盘活农村存量建设用地

完善农民闲置宅基地和闲置农房政策，探索宅基地所有权、资格权、使用权“三权分置”，落实宅基地集体所有权，保障宅基地农户资格权和农民房屋财产权，适度放活宅基地和农民房屋使用权，不得违规违法买卖宅基地，严格实行土地用途管制，严格禁止下乡利用农村宅基地建设别墅大院和私人会馆。在符合土地利用总体规划前提下，允许县级政府通过村土地利用规划调整优化村庄用地布局，有效利用农村零星分散的存量建设用地。对利用收储农村闲置建设用地发展农村新产业新业态的，给予新增建设用地指标奖励。

第三十四章　健全多元投入保障机制

健全投入保障制度，完善政府投资体制，充分激发社会投资的动力和活力，加快形成财政优先保障、社会积极参与的多元投入格局。

第一节　继续坚持财政优先保障

建立健全实施乡村振兴战略财政投入保障制度，明确和强化各级政府“三农”投入责任，公共财政更大力度向“三农”倾斜，确保财政投入与乡村振兴目标任务相适应。规范地方政府举债融资行为，支持地方政府发行一般债券用于支持乡村振兴领域公益性项目，鼓励地方政府试点发行项目融资和收益自平衡的专项债券，支持符合条件、有一定收益的乡村公益性建设项目。加大政府投资对农业绿色生产、可持续发展、农村人居环境、基本公共服务等重点领域和薄弱环节支持力度，充分发挥投资对优化供给结构的关键性作用。充分发挥规划的引领作用，推进行业内资金整合与行业间资金统筹相互衔接配合，加快建立涉农资金统筹整合长效机制。强化支农资金监督管理，提高财政支农资金使用效益。

第二节　提高土地出让收益用于农业农村比例

开拓投融资渠道，健全乡村振兴投入保障制度，为实施乡村振兴战略提供稳定可靠资金来源。坚持取之于地，主要用之于农的原则，制定调整完善土地出让收入使用范围、提高农业农村投入比例的政策性意见，所筹集资金用于支持实施乡村振兴战略。改进耕地占补平衡管理办法，建立高标准农田建设等新增耕地指标和城乡建设用地增减挂钩节余指标跨省域调剂机制，将所得收益通过支出预算全部用于巩固脱贫攻坚成果和支持实施乡村振兴战略。

第三节　引导和撬动社会资本投向农村

优化乡村营商环境，加大农村基础设施和公用事业领域开放力度，吸引社会资本参与乡村振兴。规范有序盘活农业农村基础设施存量资产，回收资金主要用于补短板项目建设。继续深化“放管服”改革，鼓励工商资本投入农业农村，为乡村振兴提供综合性解决方案。鼓励利用外资开展现代农业、产业融合、生态修复、人居环境整治和农村基础设施等建设。推广一事一议、以奖代补等方式，鼓励农民对直接受益的乡村基础设施建设投工投劳，让农民更多参与建设管护。

第三十五章　加大金融支农力度

健全适合农业农村特点的农村金融体系，把更多金融资源配置到农村经济社会发展的重点领域和薄弱环节，更好满足乡村振兴多样化金融需求。

第一节　健全金融支农组织体系

发展乡村普惠金融。深入推进银行业金融机构专业化体制机制建设，形成多样化农村金融服务主体。指导大型商业银行立足普惠金融事业部等专营机制建设，完善专业化的“三农”金融服务供给机制。完善中国农业银行、中国邮政储蓄银行“三农”金融事业部运营体系，明确国家开发银行、中国农业发展银行在乡村振兴中的职责定位，加大对乡村振兴信贷支持。支持中小型银行优化网点渠道建设，下沉服务重心。推动农村信用社省联社改革，保持农村信用社县域法人地位和数量总体稳定，完善村镇银行准入条件。引导农民合作金融健康有序发展。鼓励证券、保险、担保、基金、期货、租赁、信托等金融资源聚焦服务乡村振兴。

第二节　创新金融支农产品和服务

加快农村金融产品和服务方式创新，持续深入推进农村支付环境建设，全面激活农村金融服务链条。稳妥有序推进农村承包土地经营权、农民住房财产权、集体经营性建设用地使用权抵押贷款试点。探索县级土地储备公司参与农村承包土地经营权和农民住房财产权“两权”抵押试点工作。充分发挥全国信用信息共享平台和金融信用信息基础数据库的作用，探索开发新型信用类金融支农产品和服务。结合农村集体产权制度改革，探索利用量化的农村集体资产股权的融资方式。提高直接融资比重，支持农业企业依托多层次资本市场发展壮大。创新服务模式，引导持牌金融机构通过互联网和移动终端提供普惠金融服务，促进金融科技与农村金融规范发展。

第三节　完善金融支农激励政策

继续通过奖励、补贴、税收优惠等政策工具支持“三农”金融服务。抓紧出台金融服务乡村振兴的指导意见。发挥再贷款、再贴现等货币政策工具的引导作用，将乡村振兴作为信贷政策结构性调整的重要方向。落实县域金融机构涉农贷款增量奖励政策，完善涉农贴息贷款政策，降低农户和新型农业经营主体的融资成本。健全农村金融风险缓释机制，加快完善“三农”融资担保体系。充分发挥好国家融资担保基金的作用，强化担保融资增信功能，引导更多金融资源支持乡村振兴。制定金融机构服务乡村振兴考核评估办法。改进农村金融差异化监管体系，合理确定金融机构发起设立和业务拓展的准入门槛。守住不发生系统性金融风险底线，强化地方政府金融风险防范处置责任。

第十一篇　规划实施

实行中央统筹、省负总责、市县抓落实的乡村振兴工作机制，坚持党的领导，更好履行各级政府职责，凝聚全社会力量，扎实有序推进乡村振兴。

第三十六章　加强组织领导

坚持党总揽全局、协调各方，强化党组织的领导核心作用，提高领导能力和水平，为实现乡村振兴提供坚强保证。

第一节　落实各方责任

强化地方各级党委和政府在实施乡村振兴战略中的主体责任，推动各级干部主动担当作为。坚持工业农业一起抓、城市农村一起抓，把农业农村优先发展原则体现到各个方面。坚持乡村振兴重大事项、重要问题、重要工作由党组织讨论决定的机制，落实党政一把手是第一责任人、五级书记抓乡村振兴的工作要求。县委书记要当好乡村振兴“一线总指挥”，下大力气抓好“三农”工作。各地区要依照国家规划科学编制乡村振兴地方规划或方案，科学制定配套政策和配置公共资源，明确目标任务，细化实化政策措施，增强可操作性。各部门要各司其职、密切配合，抓紧制定专项规划或指导意见，细化落实并指导地方完成国家规划提出的主要目标任务。建立健全规划实施和工作推进机制，加强政策衔接和工作协调。培养造就一支懂农业、爱农村、爱农民的“三农”工作队伍，带领群众投身乡村振兴伟大事业。

第二节　强化法治保障

各级党委和政府要善于运用法治思维和法治方式推进乡村振兴工作，严格执行现行涉农法律法规，在规划编制、项目安排、资金使用、监督管理等方面，提高规范化、制度化、法治化水平。完善乡村振兴法律法规和标准体系，充分发挥立法在乡村振兴中的保障和推动作用。推动各类组织和个人依法依规实施和参与乡村振兴。加强基层执法队伍建设，强化市场监管，规范乡村市场秩序，有效促进社会公平正义，维护人民群众合法权益。

第三节　动员社会参与

搭建社会参与平台，加强组织动员，构建政府、市场、社会协同推进的乡村振兴参与机制。创新宣传形式，广泛宣传乡村振兴相关政策和生动实践，营造良好社会氛围。发挥工会、共青团、妇联、科协、残联等群团组织的优势和力量，发挥各民主党派、工商联、无党派人士等积极作用，凝聚乡村振兴强大合力。建立乡村振兴专家决策咨询制度，组织智库加强理论研究。促进乡村振兴国际交流合作，讲好乡村振兴的中国故事，为世界贡献中国智慧和中国方案。

第四节　开展评估考核

加强乡村振兴战略规划实施考核监督和激励约束。将规划实施成效纳入地方各级党委和政府及有关部门的年度绩效考评内容，考核结果作为有关领导干部年度考核、选拔任用的重要依据，确保完成各项目标任务。本规划确定的约束性指标以及重大工程、重大项目、重大政策和重要改革任务，要明确责任主体和进度要求，确保质量和效果。加强乡村统计工作，因地制宜建立客观反映乡村振兴进展的指标和统计体系。建立规划实施督促检查机制，适时开展规划中期评估和总结评估。

第三十七章　有序实现乡村振兴

充分认识乡村振兴任务的长期性、艰巨性，保持历史耐心，避免超越发展阶段，统筹谋划，典型带动，有序推进，不搞齐步走。

第一节　准确聚焦阶段任务

在全面建成小康社会决胜期，重点抓好防范化解重大风险、精准脱贫、污染防治三大攻坚战，加快补齐农业现代化短腿和乡村建设短板。在开启全面建设社会主义现代化国家新征程时期，重点加快城乡融合发展制度设计和政策创新，推动城乡公共资源均衡配置和基本公共服务均等化，推进乡村治理体系和治理能力现代化，全面提升农民精神风貌，为乡村振兴这盘大棋布好局。

第二节　科学把握节奏力度

合理设定阶段性目标任务和工作重点，分步实施，形成统筹推进的工作机制。加强主体、资源、政策和城乡协同发力，避免代替农民选择，引导农民摒弃“等靠要”思想，激发农村各类主体活力，激活乡村振兴内生动力，形成系统高效的运行机制。立足当前发展阶段，科学评估财政承受能力、集体经济实力和社会资本动力，依法合规谋划乡村振兴筹资渠道，避免负债搞建设，防止刮风搞运动，合理确定乡村基础设施、公共产品、制度保障等供给水平，形成可持续发展的长效机制。

第三节　梯次推进乡村振兴

科学把握我国乡村区域差异，尊重并发挥基层首创精神，发掘和总结典型经验，推动不同地区、不同发展阶段的乡村有序实现农业农村现代化。发挥引领区示范作用，东部沿海发达地区、人口净流入城市的郊区、集体经济实力强以及其他具备条件的乡村，到2022年率先基本实现农业农村现代化。推动重点区加速发展，中小城市和小城镇周边以及广大平原、丘陵地区的乡村，涵盖我国大部分村庄，是乡村振兴的主战场，到2035年基本实现农业农村现代化。聚焦攻坚区精准发力，革命老区、民族地区、边疆地区、集中连片特困地区的乡村，到2050年如期实现农业农村现代化。